BIBLIOTHÈQUE NATIONALE
IMPRIMÉS

DÉMOCRATIE

PATRIE ET HUMANITÉ

8° R
22463

DÉMOCRATIE

PATRIE ET HUMANITÉ

PAR

J. GIROD

Professeur agrégé de Philosophie
au lycée Blaise Pascal, de Clermont-Ferrand.

PARIS

FÉLIX ALCAN, ÉDITEUR

LIBRAIRIES FÉLIX ALCAN ET GUILLAUMIN RÉUNIES

108, BOULEVARD SAINT-GERMAIN, 108

1908

Tous droits réservés.

AVANT-PROPOS

Dans ce travail, nous avons exprimé des idées qui nous sont chères, et qui dominent tout notre enseignement moral; nous avons songé à les publier, pour contribuer à les répandre.

Nous n'avons certes pas la prétention d'avoir dit des choses nouvelles; mais comme les questions, très nombreuses et très complexes que nous effleurons, sont et resteront longtemps encore, sans doute, à l'ordre du jour, il nous semble accomplir un devoir social en disant ce que nous en pensons; nous n'aurons perdu ni notre temps ni notre peine, si quelques personnes, en nous lisant, sont conduites à méditer avec un peu plus d'attention sur ces graves problèmes, et surtout à tâcher de concourir à les résoudre par la réflexion et plus encore par l'action.

DÉMOCRATIE
PATRIE ET HUMANITÉ

CHAPITRE PREMIER

L'ÉVOLUTION DES FORMES DE GOUVERNEMENT VERS LA DÉMOCRATIE

L'homme, tout le monde en convient, a besoin de vivre en Société pour devenir tout ce que la nature le destine à être, physiquement et moralement, c'est-à-dire d'abord un animal sain et vigoureux, puis et surtout une personne à la volonté énergique, à l'intelligence éclairée, à la sensibilité délicate et généreuse.

Si les humains adultes étaient ce qu'ils devraient être, ou du moins si, chez eux, la vie morale avait pris définitivement le pas sur la vie animale, et l'altruisme large sur l'égoïsme mesquin et maladroit, les groupes formés sous l'influence des nécessités diverses et avec le concours des circonstances, n'auraient pas besoin de lois et par là-même de législateurs et de magistrats. — Chaque individu, guidé par sa raison et plus encore par l'amour de ses semblables, aurait à cœur de respecter leur liberté, de les traiter comme des *égaux*, bien mieux, comme des *frères;* chacun ferait tout ce qui dépendrait de lui pour rendre les autres *meilleurs* et plus *heureux*. Les groupes agiraient les uns à l'égard des autres comme les individus entre eux, et ce serait, dans toute l'humanité, un progrès continu, chaque génération étant dressée par la précédente à poursuivre et à parfaire l'œuvre commune.

Malheureusement nous ne sommes pas ce que nous devrions être. Il règne une véritable incohérence dans la conduite personnelle et sociale des individus, dans la vie intérieure des groupes sociaux, et dans les relations des groupes. C'est pourquoi il a fallu établir des lois pour empêcher au moins que les hommes d'un même groupe se fissent trop de mal les uns aux autres, par ignorance ou par mauvaise volonté; on a dû instituer une puissance pour faire les lois et en imposer l'observation, ne fût-ce que par l'application des châtiments à ceux qui les violeraient. Telle a été, telle demeure encore la première et la principale fonction du pouvoir politique. Après seulement, vient ce que l'on peut appeler sa fonction *providentielle*, laquelle consiste à développer les conditions et les moyens du progrès individuel et social, pour le mieux-être matériel et moral du plus grand nombre d'hommes possible.

Autant que nous pouvons le conjecturer, le régime politique, à l'origine, fut le plus ordinairement *patriarcal;* dans la Famille primitive, le Père était en même temps le Roi et le Prêtre. La famille essaimant en tribu, l'ancêtre étendit son autorité sur le groupe de familles, et les chefs subordonnés formèrent son conseil. Lorsque le groupe s'agrandit naturellement, et par le nombre et par l'extension de son habitat, le gouvernement perdit son caractère familial et il devint *aristocratique et royal*, au sens que l'on donne couramment à ces termes; le roi fut, le plus souvent, le descendant direct du premier ancêtre, par ordre de primogéniture, et l'aristocratie se composa surtout des descendants des premiers chefs de famille. Alors les dépositaires du pouvoir public commencèrent à l'exercer non plus pour le bien de tous, mais pour leur intérêt particulier; alors apparurent les castes et les privilèges et l'exploitation de la masse toujours croissante du peuple, par la petite minorité des privilégiés. Ce fut bien pis, lorsque les tribus d'origines familiales diverses, se mêlèrent, surtout à la suite de luttes violentes, où les vainqueurs réduisirent en servitude les vaincus, ou du moins prétendirent imposer aux vaincus leurs mœurs, leurs lois, leurs institutions.

Cependant, pour maintenir dans la sujétion le peuple, qui avait de plus en plus pour lui la force du nombre, il fallait un appareil légal formidable. On le créa : on régla minutieusement la vie publique et jusqu'à la vie privée des individus, et des châtiments sévères, atroces parfois, frappèrent des actes dans lesquels nous ne saurions voir aujourd'hui ni crimes, ni délits, pas même la faute la plus légère contre l'ordre social. Et l'oppression fut rendue plus dure encore par les luttes que se livraient entre eux les détenteurs du pouvoir et des privilèges, luttes dont le peuple faisait toujours les frais, pendant leur durée et après leur issue. Il suffit de parcourir l'histoire de tous les peuples européens et particulièrement celle de la France, pour vérifier à chaque page cette allégation.

Pour s'assurer l'obéissance du peuple, il fallait encore le laisser dans l'ignorance de ses droits, tout en lui donnant la vénération de ses devoirs, ou plutôt des lois qu'on lui imposait. Les rois et les nobles y parvinrent en faisant appel aux prêtres.

Certes, la *religion* est infiniment respectable dans sa source : elle est une expression du besoin qu'a l'esprit humain de pénétrer le mystère de son existence et de sa destinée, et surtout, semble-t-il, du besoin que nous avons de croire que la mort n'est pas le dernier mot de la vie, que les êtres bien-aimés partis ne sont pas à jamais perdus pour nous. La religion vient aussi d'un désir profond de justice idéale en présence de l'injustice, au moins apparente, qui règne sur la terre. De telle sorte que le dogme naturel fondamental de toute religion est la croyance à l'immortalité de l'âme : la croyance en Dieu n'en est qu'une dérivée. Il est vrai qu'elle en dérive nécessairement, tout au moins d'une nécessité morale ; car il faut bien, pour établir la Justice, un Juge qui soit à la fois très bon et très sage, et qui dispose des forces de la nature, en ayant lui-même établi les lois. Telle est, dans son essence, la religion naturelle, dont les dogmes, d'abord très confusément entrevus, et même singulièrement défigurés par l'ignorance, les intérêts et les passions, sont devenus de plus en plus clairs, grâce à la réflexion morale et philosophique.

Quelle que puisse être la valeur de la religion, au point de vue scientifique, nul ne saurait contester qu'elle pourrait avoir une grande valeur morale, en soutenant les individus dans leurs travaux, en les consolant dans leurs souffrances, en les stimulant à être justes et bons. Mais le malheur est que les hommes ont abusé de la religion, et que certains d'entre eux, prétendant parler et agir au nom de la Divinité, ont fait des dogmes et des cultes autant de moyens d'oppression et d'exploitation à l'égard de la masse.

Les rois et les nobles, on le sait, secouèrent assez souvent et assez fort le joug des prêtres; mais les uns et les autres comprirent bien vite l'intérêt qu'ils avaient à s'entendre, et les privilégiés affectèrent pour les choses de la religion, pour les pratiques surtout, un respect d'autant plus facile, qu'ils étaient à l'avance assurés d'une large indulgence pour leurs méfaits de toutes sortes. Ainsi s'établit cette solidarité de la noblesse et du clergé dont nous voyons encore aujourd'hui chez nous les manifestations, dans les efforts des réactionnaires pour ressaisir le pouvoir.

Pendant des milliers et des milliers d'années, les prêtres enseignèrent que le pouvoir politique vient de Dieu lui-même et qu'y porter atteinte c'est être sacrilège. Sans doute, les *penseurs grecs*, et à leur suite quelques latins, revendiquèrent les droits de la Raison et se firent, dans une certaine mesure, les champions de la liberté individuelle et politique, mais dans une faible mesure seulement. Sans doute le christianisme, à ses débuts, prêcha l'égalité morale de tous les hommes Mais. le christianisme enseigne aussi les dogmes de la *chute originelle* et de la *rédemption;* il présente la vie terrestre comme une épreuve dont l'issue est ou le salut ou la damnation éternels, et comme une épreuve dont on ne saurait se tirer heureusement sans le secours de la grâce, les sacrements étant les sources de la grâce et les prêtres étant les seuls dispensateurs des sacrements ; il donne enfin à la grande affaire du salut une telle prééminence que tout le reste semble perdre son intérêt : « à quoi sert de gagner le monde entier, si l'on vient à perdre son âme ? » Aussi, malgré les beautés de la morale évangélique, la religion chrétienne, organisée du moins comme elle le fut à dater du IVe siècle de notre ère, était-elle prédestinée à devenir, entre les mains des rois, des nobles et des prêtres, un terrible instrument d'oppression et d'exploitation. Elle recommandait en effet, avec le détachement des choses de ce monde, le respect des puissances, l'acceptation résignée des conditions les moins heureuses. Elle professait aussi la défiance à l'égard de la Raison orgueilleuse, la haine de la science et de la philosophie, ou du moins de toute science et de toute philosophie qui n'acceptait pas sa direction et son contrôle. Elle voulait borner le savoir des masses aux connaissances élémentaires utiles pour vivre dans la condition où l'on était né, et donnait une importance capitale à l'enseignement des dogmes religieux, de la discipline et des pratiques cultuelles. Elle prétendait enfin exercer sur l'enseignement populaire une surveillance plus étroite encore et plus sévère que sur les leçons des maîtres, dans les collèges et les universités. Comment, avec ces idées et ces tendances, le clergé n'eût-il pas fait alliance avec la royauté et la noblesse, pour accroître sa puissance morale, en vue du salut des fidèles ? Comment rois et nobles n'auraient-ils pas profité de cette alliance pour maintenir et fortifier leur autorité ? Comment les uns et les autres, étant hommes, c'est-à-dire sujets à l'ignorance, à l'erreur, à l'influence des intérêts et des passions, n'auraient-ils pas usé et abusé de leurs privilèges pour les augmenter ? Comment enfin se seraient-ils résignés à perdre pour toujours puissance et privilèges, et ne feraient-ils pas, pour les reconquérir, des tentatives sans cesse renouvelées, comme celles dont nous sommes encore aujourd'hui les témoins.

Cependant le peuple, malgré toutes les entraves, sans cesse accrues, à la liberté de penser et d'agir, se rendait compte de ses misères et de leur injustice. Il sentait bien que le pouvoir public était détourné de sa fin naturelle, puisqu'au lieu de tendre au mieux-être de tous, il sacrifiait le plus grand nombre à quelques-uns. Parfois les opprimés faisaient effort pour secouer le joug, ils brisaient leurs chaînes et, avec les débris, ils exerçaient sur leurs tyrans de cruelles représailles : mais, manquant d'organisation, de chefs, n'ayant pas la claire vision de ce qu'ils pouvaient, de ce qu'ils devaient devenir, ils retombaient bientôt dans la dépendance, et des châtiments terribles, infligés aux meneurs, jetaient l'effroi dans les âmes et rétablissaient pour longtemps l'ordre public, c'est-à-dire assuraient aux privilégiés la paisible jouissance de leurs privilèges.

Heureusement pour le peuple, il trouva chez ses adversaires mêmes un secours, soit conscient, soit surtout inconscient. Il y eut, parmi les rois, les nobles et les prêtres, quelques beaux exemplaires d'humanité supérieure, que révolta l'injustice du régime, et qui tentèrent d'y porter remède; mais ils se heurtèrent à la fois à la passivité des masses et à la résistance des privilégiés. Ils laissèrent seulement aux générations suivantes un souvenir reconnaissant, consacré par quelque épithète ajoutée à leur nom : le Sage, le Bon, le Juste, le Père du peuple. Et ce souvenir ne faisait que rendre plus amer le sentiment du joug toujours plus pesant.

Le véritable remède devait sortir de l'excès même du mal, des luttes des nobles entre eux et avec la royauté, des démêlés de la puissance religieuse avec la puissance laïque, des abus où se ridiculisèrent la théologie et la philosophie scolastiques. Lorsqu'enfin, dans la seconde moitié du xve siècle et pendant tout le xvie, les penseurs de la Grèce et de Rome, étudiés à nouveau, rendirent à la Raison la conscience de sa dignité et de sa puissance, c'en fût fait des prétentions absolutistes de l'Église et de l'État. La liberté de penser grandit et vainquit toutes les résistances; elle acheva de ruiner la tyrannie politique et la tyrannie religieuse, en scrutant la valeur des titres par lesquels elles prétendaient justifier ce qu'elles appelaient leurs droits. Alors s'établit un triple principe :

1° *Le pouvoir politique, ayant le bonheur du peuple pour objet, appartient au peuple lui-même, et celui-ci donne tout au plus une délégation pour l'exercer en son nom, délégation dont il conserve le droit de contrôler l'usage et qu'il peut toujours retirer lorsque le mandataire ne se conforme pas à son mandat, au moins implicite.*

2° *La religion est du domaine de la conscience individuelle seule. Chaque personne a le droit de choisir et de pratiquer sa religion comme il l'entend, ou même de n'en pas avoir, sous la seule réserve de ne point porter atteinte aux droits des individus ni à l'ordre social.*

D'où il suit que 3° *Aucune part de l'autorité publique ne doit être dévolue, directement ou indirectement, à aucune secte religieuse, à aucun corps sacerdotal.*

Ces principes, préconisés depuis le XVIe siècle, se répandirent de plus en plus, comme il était naturel, puisqu'ils sont en parfait accord avec les exigences de la raison. D'ailleurs la diffusion en fût activée par les événements politiques et économiques qui, à partir de la découverte du Nouveau Monde, modifièrent si profondément les conditions de la vie privée et publique.

Les découvertes des savants, affranchis enfin de la tutelle des scolastiques, l'invention de l'imprimerie, eurent également une puissante influence sur les progrès du *rationalisme*. C'est en France surtout que l'esprit moderne se développa depuis Descartes jusqu'à J.-J. Rousseau: les folies ruineuses de Louis XIV, les orgies de la Régence et du règne de Louis XV achevaient d'ailleurs de discréditer l'Ancien Régime, cependant que la jeune République des États-Unis montrait ce que peut un peuple quand il le veut. Aussi lorsqu'enfin le peuple de France jeta bas le trône vermoulu des Bourbons, l'écho de la chute sonna le glas de toutes les monarchies absolues, et sonna aussi la fanfare de l'avènement de la démocratie en Europe.

Malheureurement l'éducation du peuple n'était pas à la hauteur de ses aspirations, et ceux qui conduisaient le mouvement étaient trop imbus des théories classiques et pas assez initiés à la réalité des faits, aux besoins nombreux et complexes des peuples modernes. Aussi lorsque, sur les ruines et avec les débris du passé, il fallut construire la Société nouvelle, ils commirent, avec les intentions les plus droites, les erreurs les plus lourdes. Purs théoriciens, idéologues enthousiastes, ils voulurent réaliser leurs conceptions abstraites : les résistances qu'ils trouvèrent dans les hommes et les choses, les remplirent d'indignation et de colère, et l'on sait par quelles violences ils prétendirent en venir à bout. C'était préparer la voie et les moyens à la réaction, au Directoire, à Bonaparte, au retour des Bourbons enfin. Mais ceux-ci revinrent, selon la célèbre formule, *sans avoir rien oublié* ni *rien appris* : ils voulurent rétablir intégralement le passé, et comme eux le voulurent aussi les autres souverains de l'Europe, sans tenir compte des sentiments et des idées que les armées françaises avaient semés, en labourant dans tous les sens le vieux continent.

Mais nul ne saurait contraindre un cours d'eau à remonter vers sa source. Bon gré, mal gré, l'absolutisme dut entrer dans la voie des concessions et le pouvoir monarchique se pénétrer toujours davantage des principes et des pratiques de la *démocratie*. Et c'est pourquoi nous voyons aujourd'hui le dernier représentant de l'autocratie dans la redoutable alternative d'être emporté par le torrent des revendications populaires, s'il prétend y résister, ou de le suivre pour tâcher de le diriger.

CHAPITRE II

LES ADVERSAIRES DE LA DÉMOCRATIE
NÉCESSITÉ ET POSSIBILITÉ
D'UNE ÉDUCATION DE LA DÉMOCRATIE

I. — LES ADVERSAIRES DE LA DÉMOCRATIE

On ne saurait faire remonter un fleuve vers sa source, nous venons de le rappeler; mais on peut en surveiller le cours, le régler; on le doit même, si l'on ne veut s'exposer aux pires catastrophes : n'en serait-il pas de même du courant qui emporte les peuples vers la démocratie?

Certes, l'idéal démocratique est splendide : tous les citoyens également bons et suffisamment éclairés, subordonnant en toute occasion l'intérêt particulier à l'intérêt général, et faisant par eux-mêmes, ou par les mandataires les plus aptes et les plus dignes, les lois les mieux appropriées au bien commun.

Mais qu'il y a loin du rêve à la réalité!

En fait, la démocratie ne donne-t-elle pas la prééminence au nombre sur la valeur, à la masse sur l'élite? Le peuple, considéré dans son ensemble, suit les mouvements aveugles de la passion bien plus qu'il n'obéit à la raison, et s'il a le plus souvent des sentiments généreux, de nobles enthousiasmes, fréquemment aussi, il se laisse entraîner, par l'ardeur même de ses élans, aux plus regrettables excès. Il en a toujours été, et il en sera toujours ainsi, car pour qu'il en fût autrement, il faudrait aux citoyens des lumières que les conditions communes de la vie ne permettront jamais à la plupart d'acquérir. En effet, la science du gouvernement et l'art de gouverner exigent des connaissances tellement nombreuses et diverses, les problèmes théoriques sont si complexes et les difficultés pratiques si ardues, qu'un petit nombre d'hommes seulement peuvent faire les études et l'apprentissage indispensables : seuls y peuvent être appliqués ceux à qui leur naissance plus fortunée assure, avec des dispositions héréditaires, assez de ressources et de loisirs. Il y a ainsi, dans toute nation, une aristocratie à qui, par le seul fait de la naissance d'abord, puis des conditions d'éducation plus favorables, sont réservés la science et l'art de gouverner; seuls les membres de cette aristocratie peuvent exercer le pouvoir de façon vraiment désintéressée, ou du moins sous l'impulsion adjuvante du désir de la gloire que leur vaudra leur dévouement à la chose publique.

Comment la masse ignorante pourrait-elle, dans cette élite, choisir les meilleurs, après en avoir judicieusement apprécié la valeur? Comment serait-elle capable d'en contrôler les actes? Il est infiniment probable, *a priori*, que les hommes d'élite ne sauront se concilier la faveur populaire et surtout la conserver. Essentiellement modérés dans leurs idées et dans leur conduite, ils contrarieront les aspirations du peuple, ne fût-ce qu'en voulant les orienter et les tempérer conformément à la raison; et le peuple écoutera et suivra bien plutôt les ambitieux vulgaires, à l'âme intellectuellement et moralement étroite. Et ce sera *le règne des médiocres*, préoccupés avant tout de leur intérêt particulier, ou tout au plus de l'intérêt d'une secte, d'une coterie, d'un groupe, auquel ils se seront agrégés par intérêt ou vanité, et auquel ils seront asservis malgré leur prétention de le conduire. Et alors ce sera la lutte des partis ou plutôt des tristes ambitieux qui sont censés les mener et qui, parvenus au pouvoir, en useront surtout, sinon même uniquement, pour opprimer ceux qui ne pensent pas exactement comme eux. Ce sera cette *démagogie*, caricature hideuse de la démocratie idéale, que Platon flétrissait déjà du nom de *théâtrocratie*, et dont, avec un sens vraiment prophétique, il montrait l'aboutissement logique dans une dure tyrannie. Et les faits ne s'accordent-ils pas pleinement avec la théorie? N'assistons-nous pas aux rivalités mesquines, aux luttes odieuses des politiciens vulgaires, et ne voyons-nous pas compromis dans ces tristes débats, à la fois l'honneur et la sécurité de la Patrie?

Entre les sentiments dont abusent les démagogues il convient de mettre en première ligne le *besoin de justice et l'amour de l'humanité*, et cet abus ne tend à rien moins qu'à détruire *l'idée de Patrie* et le *patriotisme*. Il est aisé de voir pourquoi et comment.

C'est un fait, qu'en raison des défauts de l'organisation sociale, beaucoup d'individus paraissent condamnés, dès leur naissance et pour toute leur vie, à une existence misérable, matériellement et moralement, tandis qu'un petit nombre jouissent de toutes les faveurs du sort, sans avoir rien fait pour les mériter. Cette injustice criante a sa cause surtout, il faut en convenir, dans les conditions actuelles de l'activité économique, telles qu'elles résultent de l'évolution des mœurs et des institutions, des progrès des sciences et de leurs applications aux diverses formes de l'industrie humaine. Il semble que tout conspire à rendre plus âpre la lutte des classes dans chaque nation, la lutte des nations entre elles sur le terrain économique et que les faits donnent de plus en plus raison au mot célèbre de Hobbes : *homo homini lupus*, l'homme est un loup pour l'homme. On a même prétendu, dans certaines écoles philosophiques, justifier cet état de choses et légitimer l'*arrivisme* des individus et des nations par la trop célèbre théorie du combat pour l'existence, du *struggle for life* : il importe au progrès, au bien général, a-t-on dit, d'après Darwin, H. Spencer et Nietzsche, que les faibles soient éliminés et que seuls les forts subsistent, que des *surhommes* régissent les troupeaux humains, les façonnent à leur guise, comme des instruments pour la réalisation de leurs vues particulières, et, leur communiquant leur force propre, les mènent à des luttes où ils leur feront conquérir la prééminence, tout en s'assurant à eux mêmes la satisfaction de leurs ambitions personnelles. Napoléon Ier n'a-t-il pas, grâce à son ambition énorme, fait avancer à pas de géant la civilisation de l'Europe et par là-même du monde entier?

Mais en même temps que les classes et les peuples se heurtent ainsi violemment en des luttes nationales et internationales, l'interdépendance des formes de l'activité économique se manifeste toujours plus évidente, et l'on voit toujours mieux quel gaspillage l'homme fait de ses forces et des ressources que lui offre la nature; on comprend toujours davantage combien est absurde, en même temps que monstrueuse, la guerre où misérablement s'entretuent et se ruinent des êtres qui pourraient si bien s'entendre et s'entr'aider. Et comme c'est au nom de la Patrie que les peuples en viennent ainsi à des luttes fratricides, certains penseurs en arrivent à maudire ce qu'ils nomment la Patrie. Ils y voient comme un dernier vestige des idées et des mœurs barbares, soigneusement maintenu par les détenteurs des privilèges, les exploiteurs du peuple; aussi convient-il, suivant eux, d'amener les prolétaires de tous les pays à s'entendre pour secouer le joug intolérable de cette antique idole et de ceux qui, par intérêt, en entretiennent le culte.

Leurs appels, il faut bien en convenir, sont entendus; car, grâce à la multiplication des moyens de communication, les idées ne connaissent plus de frontières, et il tend à s'établir, entre les civilisés, une mentalité commune qui doit, dans un avenir plus ou moins prochain, entraîner l'uniformisation des mœurs, des lois, des institutions, et enfin la suppression des distinctions de peuple à peuple. Quoi qu'il en soit, la *lutte est ouvérte entre le nationalisme et l'internationalisme*, entre l'idée de Patrie et celle d'Humanité, et il semble qu'il faut bien que l'une ou l'autre soit vaincue, et que l'amour de l'Humanité anéantisse enfin son antagoniste l'Amour de la Patrie.

Eh bien! à notre avis, il y a là un grave malentendu, qu'il importe au plus haut point de dissiper : suivant nous d'ailleurs, la tâche n'est pas aussi difficile qu'on pourrait le croire au premier abord. Avec un peu de bonne volonté, nous en sommes convaincu, on pourra bientôt voir que la démocratie peut et doit, par son développement naturel et logique, arriver à se corriger elle-même de ses défauts et que l'amour de la Patrie, bien entendu et bien pratiqué, loin d'être un obstacle au progrès de l'amour de l'Humanité, en est une condition absolument indispensable.

C'est ce que nous allons essayer de démontrer.

II. — NÉCESSITÉ ET POSSIBILITÉ D'UNE ÉDUCATION DE LA DÉMOCRATIE

Les objections que nous venons d'exposer sommairement sont assurément spécieuses, et si elles étaient irréfutables, il faudrait désespérer de la démocratie. Heureusement elles ne le sont pas ; elles ne résistent pas à un examen un peu sérieux et l'on s'aperçoit bien vite qu'elles ont leur source dans une regrettable confusion de questions diverses et, d'ailleurs, fort complexes, reconnaissons-le.

I. — Est-il vrai d'abord que le peuple, c'est-à-dire le nombre, la masse, soit incapable de comprendre son bien, ses intérêts véritables et de discerner les hommes vraiment aptes à le gouverner et dignes de sa confiance ? Nous ne le pensons pas.

Sans doute, il ne saurait être question d'attribuer au suffrage universel le choix des personnes à qui devront être confiées, dans les pouvoirs publics, des fonctions spéciales, par exemple celles d'ambassadeur ou de général en chef, d'ingénieur des mines ou de conseiller à la Cour de cassation. L'expérience a même montré chez nous, à diverses reprises, combien il serait maladroit et imprudent de donner à l'élection des charges beaucoup plus humbles, comme celles d'officier subalterne ou de juge de paix. Mais en est-il de même en ce qui concerne l'élection des individus chargés de faire les lois?

La révolution de 1789 a très heureusement et définitivement consacré le principe de la séparation des pouvoirs législatif, exécutif et judiciaire : et ce principe est aujourd'hui à peu près universellement accepté, au moins en théorie. Il est admis que, sauf quelques cas exceptionnels, le peuple n'intervient pas directement dans les fonctions exécutives et judiciaires, lesquelles d'ailleurs, procédant de la puissance législative, demeurent sous sa direction et son contrôle. La question est donc seulement de savoir si le peuple peut avoir assez de compétence pour bien choisir ceux qui font des lois en son nom. Or cette question, Aristote la posait déjà, il y a plus de deux mille ans et il la résolvait, nous semble-t-il, de la façon la plus claire et la plus conforme au bon sens (1). Le peuple est apte à juger de la valeur intellectuelle et morale de ceux qui apirent à se faire ses représentants, et cela parce qu'il les a vus à l'œuvre, soit dans la vie privée, soit dans la vie publique. Lorsqu'un homme s'est montré bon chef de famille et sage administrateur de ses biens, agriculteur, industriel ou commerçant prudent et avisé, lorsqu'il a longuement fait preuve de probité, de justice et de bienveillance, on peut, sans crainte, lui commettre le soin des affaires publiques, dans un cercle restreint d'abord, comme la commune; puis s'il y manifeste, avec plus d'éclat, et s'il y développe les mêmes qualités intellectuelles et morales que dans sa vie privée, on pourra l'appeler à des fonctions de plus en plus hautes et étendues, jusqu'à ce qu'enfin on lui confie la mission de faire les lois; d'en surveiller l'exécution et l'application.

Et de fait, est-ce que les choses ne se passent pas ainsi ? Voit-on souvent des jeunes ambitieux sans passé politique, sans la recommandation de services rendus à la chose publique, briguer avec succès les suffrages populaires ? Le peuple souverain a tôt fait de rappeler à la modestie

(1) V. *Politique* trad. Thurot, l. III, ch, VI.

ces présomptueux et de les renvoyer à leurs études ou à leurs affaires.

Mais alors, dira-t-on, comment se fait-il que les choix soient souvent si piètres, que l'on nous bâcle parfois, des lois si mal étudiées? D'abord, pour ne parler que de la France, nos législateurs sont-ils aussi mauvais ou médiocres que l'on veut bien le dire? Lisez, dans le *Journal Officiel*, les comptes-rendus des séances de la Chambre ou du Sénat, que les journaux ne donnent guère qu'en les tronquant au gré des préférences de leur clientèle : Vous serez frappés à la fois de la hauteur de vues et de la courtoisie que marquent les orateurs, appartenant à des partis souvent bien opposés, et cette lecture vous donnera un véritable réconfort dans la confiance en l'aptitude de notre démocratie à bien choisir ses représentants. — Or ce que nous disons du Parlement français, nous pourrions le dire des Parlements étrangers et en particulier de celui d'Angleterre, l'aîné de tous les autres et qui est demeuré, à tant d'égards, leur modèle.

Ensuite, en admettant que les électeurs se trompent parfois, dans leurs choix, trop souvent même si l'on veut, est-ce là un mal irrémédiable? nous ne le pensons pas; nous croyons même tout le contraire. Et c'est ici que se pose bien nettement le problème de *l'éducation de la démocratie.*

Si nous considérons la démocratie en masse, nous pouvons hardiment dire que son éducation est faite, au moins en ce sens qu'elle a conscience de son existence, de sa force, qu'elle veut fermement continuer à subsister.

Ne sait-elle pas, comme par un sûr instinct, déjouer toutes les ruses de ceux qui, sous prétexte de la conduire, voudraient l'assujettir à des formes d'asservissement anciennes ou nouvelles, si tant est qu'il puisse y en avoir de telles ? Notre histoire politique intérieure des trente-huit dernières années suffirait à justifier cette assertion, si quelqu'un s'avisait d'en contester l'exactitude. Et ne voyons-nous pas actuellement, en Russie, la toute jeune Douma montrer combien promptement une démocratie peut s'assagir dans l'usage d'une liberté, bien médiocre sans doute, si l'on se place au point de vue de l'idéal, mais bien grande, si l'on compare le présent à un passé tout récent.

D'autre part, la démocratie a la claire vision qu'il est de son intérêt, aussi bien que de son devoir, de rendre les individus toujours plus libres, non seulement au point de vue objectif, comme disent les philosophes, c'est-à-dire dans leur puissance d'action au dehors, mais aussi et plus encore au point de vue subjectif ou intérieur, en les faisant plus maîtres d'eux-mêmes par l'énergie du vouloir, la rectitude du jugement, la largeur et la délicatesse du sentiment. Aussi donne-t-elle à ses mandataires, pour mission première et principale, d'organiser et de surveiller l'éducation des futurs citoyens, dès les premières années de l'enfance, jusqu'à l'entrée dans l'âge viril.

Le problème de l'éducation civique des enfants et des jeunes gens est, tout le monde en convient, l'un des plus délicats, sinon même le plus délicat que la démocratie ait à étudier : car, pour le résoudre, il faut tenir compte d'un *triple droit* : celui des *parents*, celui de l'*enfant*, et celui de l'*État*.

A proprement parler, *y a-t-il un droit des parents*? Beaucoup le pensent et le proclament; ils revendiquent la liberté d'élever leurs enfants comme il leur plaît, de leur donner à leur guise l'instruction, l'éducation, une profession, enfin des convictions politiques et religieuses. Ces prétentions, il faut bien le reconnaître, sont assez naturellement explicables. Les parents n'ont-ils pas, avec l'amour qui les inspire et leur rend faciles tous les sacrifices, l'expérience de la vie? Ne savent-ils pas mieux que personne ce qui convient à leurs enfants, dont mieux que personne ils connaissent le caractère, les aptitudes et les goûts? Et comment le père et la mère ne voudraient-ils pas, tout en assurant à leurs fils et à leurs filles les conditions les plus favorables possible d'existence matérielle, leur donner les idées et les sentiments suivant lesquels ils ont eux-mêmes orienté leur vie morale?

Cependant un danger est à craindre, c'est que, l'amour paternel et maternel, étant un peu étroit et parfois médiocrement éclairé, les âmes des enfants ne soient par trop façonnées à l'image de celles des parents. Ceux-ci ont souvent dès le début, en ce qui concerne les fils surtout, des idées arrêtées sur ce qu'il conviendra d'en faire, intellectuellement et moralement, et cela non seulement ni même surtout pour le bien des enfants, mais dans l'intérêt et pour l'honneur de la famille, et afin d'en continuer les traditions. Or, quelle que soit la bonne volonté des éducateurs naturels, n'est-il pas problable que leurs efforts fausseront l'œuvre à laquelle ils s'appliquent, en formant ceux qu'ils élèvent selon le passé et non pas en vue de l'avenir? Tout évolue dans l'ordre naturel; il convient donc que les générations nouvelles soient dressées à évoluer en accord avec le milieu, grâce à une spontanéité propre qui leur permettra de profiter du passé sans doute, mais sans s'y asservir. Donc, lorsque des parents prétendent faire de leurs fils et de leurs filles d'autres eux-mêmes, ils vont à l'encontre de l'ordre de la nature. Il leur plaît d'en assumer la pleine responsabilité. Mais en ont-ils bien *le droit*?

En réalité, en ce qui concerne l'éducation, les parents n'ont pas d'abord et avant tout un droit, mais un *devoir* et ce devoir est *double, il se rapporte en effet et à l'enfant et à l'État, lesquels seuls ont véritablement des droits.*

Le *droit de l'enfant*, c'est de recevoir, de ceux qui l'ont appelé à la vie, les moyens de vivre comme il convient à une personne, à un être raisonnable et libre, en pensant et en agissant par lui-même. *L'autorité paternelle* a ainsi sa source dans la *responsabilité du procréateur*, sa raison d'être et sa fin dans l'œuvre à accomplir; cette autorité est donc l'objet d'un devoir bien plus que d'un droit et, si elle est bien comprise et pratiquée, elle doit *travailler à se rendre elle-même de moins en moins nécessaire*, de plus en plus inutile, en faisant les enfants toujours plus capables de se conduire eux-mêmes, toujours plus responsables de leur conduite vis-à-vis d'eux-mêmes et de la Société.

Quant à l'*État* il ne peut ni ne doit se désintéresser de l'éducation intellectuelle et morale des futurs citoyens, ni d'ailleurs de leur formation physique, voire de leur dressage économique. Plus l'on va, en effet, plus la valeur sociale des individus se manifeste, en raison de leur interdépendance toujours plus étroite.

Ainsi donc, l'intérêt général, comme le bien des enfants eux-mêmes, exigent que le législateur intervienne dans l'exercice de l'autorité paternelle, ne serait-ce que pour en prévenir ou en réprimer les abus.

Est-ce à dire que, comme le voulait Platon, l'État doive se substituer entièrement à la Famille et assumer la charge totale de l'Éducation des enfants? Cette théorie trouve encore aujourd'hui quelques adeptes parmi les partisans du socialisme utopique. Mais il semble bien que, dès l'antiquité même, Aristote ait définitivement réfuté Platon, lequel d'ailleurs était le premier à reconnaître le caractère chimérique de sa République. *La Famille*, a fort bien dit Aristote, est l'*indispensable école de toutes les vertus sociales*, et surtout de cette bienveillance, de cette solidarité qui plus tard s'étendront aux concitoyens et porteront chacun à considérer les autres comme des frères ou tout au moins des amis, à leur vouloir, à leur faire du bien, même au prix de sacrifices personnels parfois très grands.

Mais quelle que soit leur bonne volonté, leurs ressources matérielles et morales, les parents peuvent de moins en moins suffire à leur tâche éducatrice. Il leur faut le concours des maîtres, des écoles. C'est d'ailleurs une condition indispensable de la formation sociale des enfants : puisque, comme on l'a justement dit, *l'école c'est la vie en raccourci.*

Ici se dresse une autre question, bien délicate encore. Quelle part l'État doit-il prendre dans l'enseignement et l'éducation à donner à la jeunesse?

Personne ne contestera que l'État puisse et doive exiger que tous les enfants soient à même de recevoir les bienfaits de l'instruction. On conviendra sans doute aussi que les dépositaires des pouvoirs publics ont le droit et le devoir de contrôler la valeur intellectuelle et morale des maîtres de la jeunesse, de veiller à ce qu'on ne prêche pas aux enfants, aux adolescents. des doctrines contraires aux principes de morale, sur lesquels repose l'ordre social et que consacrent à la fois les lois écrites et non écrites. Tout enseignement propre à corrompre ou bien à exciter au mépris des lois, à la haine entre les citoyens, devra être impitoyablement interdit et les maîtres poursuivis et frappés par la justice sociale.

Mais l'État doit-il faire plus, doit-il lui-même et surtout lui seul créer, entretenir les écoles, former et diriger les maîtres? La question, très controversée en théorie, a reçu pratiquement diverses solutions chez les différentes nations civilisées. Nous n'en voulons pas entreprendre ici l'examen. Nous dirons seulement que, dans les conditions actuelles de la vie sociale, il semble bien forcé que l'État, exigeant avec juste raison que tous les enfants soient envoyés à l'école, se charge lui-même, au moins en partie, du service public de l'enseignement, qu'il en élabore les programmes et se fasse le juge des résultats, par des inspections, par les examens et concours de toutes sortes, qui doivent décider de l'aptitude des élèves à entrer dans telle ou telle carrière. C'est bien en ce sens que se prononce l'évolution des nations civilisées, nous voulons dire dans le sens d'une intervention toujours plus active et plus étendue de l'État dans l'enseignement à tous les degrés.

En résumé nous croyons pouvoir dire, au sujet des principes fondamentaux de l'éducation ; qu'*il n'y a directement, immédiatement, qu'un seul droit, celui de l'enfant à être formé pour la vie personnelle; mais à la condition que dans l'enfant on considère le futur citoyen, l'agent du progrès social.*

Dès lors, après le droit de l'enfant, vient *le droit*, ou plutôt *le devoir de l'État*, représentant la Société, c'est-à-dire les individus solidaires les uns des autres, pour le plus grand bien matériel et moral, la plus grande liberté de tous et de chacun.

Les parents n'ont ainsi qu'un droit très relatif, parce que seulement dérivé de leur devoir d'éducateurs, et s'y subordonnant, comme un moyen à une fin.

C'est à la lumière de ces principes que nous allons étudier les conditions de l'éducation démocratique, dans la Famille d'abord, puis à l'École, enfin dans la vie sociale.

CHAPITRE III

LE RÔLE DE LA FAMILLE DANS LA DÉMOCRATIE

Les raisons pour lesquelles Platon, dans sa République, condamnait la Famille, au moins en théorie, ne seraient guère d'actualité aujourd'hui.

La Famille n'est plus en effet ce qu'elle était dans l'antiquité, ou même il y a un siècle à peine, c'est-à-dire un tout organique, bien déterminé, ayant une vie propre et relativement indépendante, en un mot, la *cellule sociale* comme on l'a souvent dit. Même dans les classes les plus favorisées, le foyer est de plus en plus déserté et ce que les Anglais appellent le *home* tend à se désagréger : les parents ont leurs affaires, leurs plaisirs qui souvent les séparent et, sauf de rares et courts moments, les empêchent de vivre en commun; de très bonne heure les enfants suivent cet exemple et chacun s'arrange, dans un milieu de son choix, une existence particulière. A plus forte raison en est-il ainsi dans les classes où les nécessités matérielles de la vie, jointes aux conditions de travail telles que les a faites l'évolution économique, astreignent continuellement l'homme, la femme et même les adolescents à un labeur écrasant : lorsque, la journée finie, on se retrouve dans un logement mesquin et souvent mal tenu, devant une table misérablement garnie de mets quelconques, avec la lassitude et la mauvaise humeur de la fatigue, comment pourrait-on éprouver du plaisir à rester ensemble? comment ne se hâterait-on pas de retourner à la foule pour y goûter un oubli et un calme relatifs, dans le mouvement, le bruit et trop souvent aussi dans les plus malsaines excitations.

Que cet affaiblissement des liens familiaux soit un mal social, bien peu, je pense, le contesteront; car, nous l'avons dit avec Aristote, c'est au sein de sa famille que l'homme peut bien apprendre, par la pratique, les vertus sociales. dans ce qu'elles ont d'essentiel, c'est-à-dire dans les sentiments de justice, de bienveillance et de solidarité.

Le mal est-il cependant irréparable, et faut-il, avec quelque-uns, s'en aller répétant : la Famille se meurt, la Famille est morte ? Nous ne le pensons pas et nous croyons que du mal même le remède peut et doit sortir.

D'abord, il est impossible que les hommes sensés ne comprennent pas l'écart entre ce qui est et qui devrait être, et ne le déplorent pas. D'un autre côté, les parents savent fort bien que de cet état de choses, ils sont plus ou moins responsables, puisqu'ils ne s'appliquent pas aussi sérieusement qu'ils le devraient à cela seul qui pourrait y porter remède, c'est-à-dire à la meilleure éducation de leurs enfants, mais avant tout et surtout à leur propre réformation morale.

Ce n'est certes pas ici le lieu d'entrer dans des détails au sujet de la *réforme du mariage*. Mais il nous sera bien permis de dire que, si beaucoup de familles tournent médiocrement, et quelques-unes fort mal, cela tient, en grande partie, à la façon dont les unions se forment. Les considérations de plaisir ou d'intérêt prennent alors une large place, quand elles ne sont pas prédominantes ou même exclusives. D'autre part, dans la pratique du mariage, chacun se place au point de vue de ce qu'il appelle ses droits, bien plus qu'au point de vue de ses devoirs. Comment dès lors les époux pourraient-ils longtemps vivre en paix, en harmonie, en mutuel concours pour le bien commun? Comment n'apparaitrait-il pas, ne se développerait-il pas de ces incompatibilités d'humeur aboutissant trop souvent à des luttes intestines, puis à des ruptures violentes du lien conjugal? Comment ces associés aigris pourraient-ils fonder le foyer, le *home*, s'y attacher et le faire aimer à leurs enfants? Au contraire, ceux-ci, témoins attristés, puis juges sévères, bien que muets, des dissensions de leurs parents, ne pourront que devenir de plus en plus sceptiques sur la valeur et le rôle social de la Famille. Ils reculeront le plus possible le moment d'en former une à leur tour et, quand ils s'y décideront, ce sera pour les mêmes motifs égoïstes et mesquins que leurs parents. Ainsi se continuera et s'accentuera la faillite morale de la Famille.

Mais ne poussons pas à l'excès le pessimisme. Dans le mal, si grand qu'il soit, subsiste un germe bienfaisant, *l'amour paternel et maternel*. C'est à lui qu'on peut et que l'on doit faire appel pour réformer et sauver la Famille et avec elle la Société tout entière. Mais il faut d'abord que cet amour lui-même soit réformé.

En général, les parents aiment mal leurs enfants; selon l'expression courante, ils les *gâtent* et cela au sens propre du mot. Gâter un enfant, c'est se donner le plaisir facile de le caresser passionnément, à tort et à travers, c'est s'éviter la peine de le voir ou de le faire souffrir, alors même que la souffrance, méritée surtout, lui serait profitable, en éveillant ses facultés de réaction et de réflexion, c'est lui prodiguer les plaisirs de toutes sortes: c'est en un mot surexciter en lui le goût pour la jouissance, la crainte de la douleur et diminuer l'initiative personnelle, le goût de l'action, émousser ou fausser la puissance de vouloir.

Et c'est bien là *gâter* les dispositions naturelles dont le développement aurait pu faire de l'enfant *un homme*, au sens moral du terme. Comment un individu ainsi formé pourrait-il, plus tard, bien mener le combat de la vie, venir à bout des difficultés nombreuses que lui opposeront les circonstances, et surtout lutter contre les entraînements des passions, que l'on aura laissées naître en lui et peut-être même favorisées ?

Élevé en égoïste, l'enfant, devenu homme, citoyen, ne connaîtra guère d'autre mobile à ses actes que l'intérêt personnel, rabaissé à la recherche des jouissances à tout prix: c'est alors qu'il concevra la vie comme un combat où seules la force et la ruse, peuvent seules en s'alliant, donner la victoire.

Et tout cela vient de ce que *l'on a aimé les enfants non pour eux mais pour soi* et sans tenir compte de la Société dont ils seront un jour des membres actifs et responsables. Il en serait tout autrement si, comprenant bien leur devoir d'éducateurs, les parents avaient à cœur de le bien remplir. Tout en surveillant les enfants, pour les protéger contre eux-mêmes en des circonstances où ils seraient incapables de se suffire, on les laissera agir et penser spontanément, on les y incitera même, au risque de les voir commettre des erreurs ou des fautes, dont les conséquences les feront réfléchir et dont on prendra occasion et matière à les amener à se corriger d'eux-mêmes. Ainsi on leur fera découvrir que la vie est sérieuse, qu'elle a une valeur morale et justement le prix qu'on sait et qu'on veut lui donner : on leur inspirera le goût de l'action raisonnée et raisonnable, avec le sens de toute sa portée individuelle et sociale.

Mais il faut que, de plus, par amour pour leurs enfants, par respect de ces personnalités naissantes, les parents leur cachent au moins le spectacle de leurs dissentiments. L'enfant souffre cruellement dans son affection, quand il voit son père et sa mère échanger des regards de dédain ou de haine, quand il les entend s'adresser mutuellement des propos aigres, des paroles insultantes : il est humilié de leur humiliation, et c'est une flétrissure dont ces jeunes âmes ne se guériront jamais.

Que les parents donc, par devoir éducatif comme par devoir de dignité personnelle, fassent en sorte de laisser leurs enfants croire à leur entente, à leur affection. Cet effort continué portera d'ailleurs avec lui-même sa récompense: l'union se fera, si déjà elle n'existe, et de la volonté commune, dans la poursuite du même but, elle s'étendra aux intelligences et aux cœurs des parents, ils apprendront à se connaître, à s'estimer, enfin à s'aimer et ce sera l'amour paternel et maternel qui aura réparé la faute initiale de l'union mal formée. Alors le foyer, le *home*, existeront, la Famille sera restaurée avec tous ses heureux effets pour ses membres mêmes, puis pour le corps social tout entier.

Car il est faux de dire que l'esprit de Famille est antisocial; cela pouvait être vrai dans les siècles passés, alors que les conditions économiques et politiques de la vie sociale restreignaient l'horizon et plus encore le domaine de l'action. Aujourd'hui cet exclusivisme est impossible, et la Famille ne peut plus et ne doit plus être que l'asile de paix où l'enfant se développe en toute sécurité, le port tranquille où l'adulte vient chercher repos et réconfort dans les intervalles du labeur social. Nul ne pourrait sérieusement soutenir qu'on ne saurait aimer sa famille qu'à la condition de détester les autres ou même de se montrer indifférent à leur égard. Bien au contraire, l'individu qui a appris, au foyer, la bienveillance avec la justice, la solidarité a forcément le cœur élargi pour toutes les choses humaines et c'est pourquoi mieux que les anciens, les modernes ont senti la beauté, compris la valeur du beau vers de Térence :

Homo sum, humani nihil a me alienum puto.
« Je suis homme et j'estime que rien de ce qui touche les hommes ne saurait m'être étranger. »

Quelle que soit l'importance du rôle des parents dans l'éducation des enfants, il est bien clair que, dans la plupart des cas, ils ne peuvent suffire à leur tâche ; ils n'en ont ni le temps ni les moyens. D'où la necessité de l'éducation commune. — Au reste, quand bien même les parents auraient assez de loisir, de savoir et de ressources, pour conserver leurs enfants auprès d'eux, et les élever ou les faire élever entièrement sous leurs yeux, nous estimons qu'il serait encore avantageux, indispensable même, de recourir à l'éducation en commun. Montaigne le disait déjà : « Aussi bien est-ce une opinion reçue d'un chacun, que ce n'est pas raison de nourrir un enfant au giron de ses parents : cette amour naturelle les attendrit trop et relâche, voire les plus sages. » (1)

Comme Talleyrand le remarquait, dans l'éducation domestique « tout porte à la tête, on s'enivre de l'éloge ». L'enfant est un centre, on rapporte tout à lui ; aussi prend-il forcément une idée exagérée de son importance, de sa valeur personnelle. Et puis la famille a ses idées à elle, sur une foule de sujets, en morale, en politique, en religion : elle a ses préjugés particuliers, ses mœurs et ses croyances propres. C'est comme une atmosphère morale, à travers laquelle l'enfant voit et sent les choses du dehors, et cette atmosphère possède un puissant pouvoir de réfraction ; véritable prisme, elle dénature toujours un peu les couleurs et les formes des choses qu'elle laisse apercevoir. Aussi lorsqu'un

(1) *Essais*, liv. II, ch. XXIV.

jeune homme, élevé entièrement dans sa famille, est enfin jeté au milieu du monde, il se trouve tout désorienté : un rien l'étonne, il a des admirations ou des haines exagérées; le moindre obstacle l'irrite ou le décourage à l'excès. Il devient une cause de trouble dans un milieu qu'il ne comprend pas; ou bien, se repliant sur lui-même, il se désintéresse de la vie commune.

Les deux conséquences sont déplorables. Il faut donc en supprimer la cause. Il faut que les parents se résolvent à faire passer l'enfant par l'école, qui est en petit l'image du monde et un apprentissage de la vie sociale. Là, cet enfant voit des camarades aussi intelligents ou plus studieux que lui; il doit lutter avec eux, son amour-propre le pousse à l'émulation, mais en même temps il comprend ce que c'est que la valeur personnelle, il acquiert la notion de la véritable égalité. Il se heurte à des enfants sortis d'autres milieux, ayant d'autres habitudes, d'autres idées, d'autres goûts, et il s'aperçoit que tous les esprits, tous les caractères ne peuvent pas être coulés dans le même moule. Il voit enfin que pour vivre bien avec ses camarades, il faut non seulement qu'il ne leur nuise pas, mais encore qu'il leur fasse du bien. Aussi, pour peu qu'il soit convenablement dirigé, il apprend vite la justice et la bienveillance, la tolérance et la politesse, les services et les égards mutuels; il sent tous les heureux avantages de la solidarité, en un mot, il avance d'une marche de plus en plus rapide et sûre dans la voie de la vie vraiment humaine.

L'éducation commune est nécessaire encore à un autre point de vue. Comme l'enseigne Aristote, c'est dans la pratique de la vie civique seulement que l'homme, cet *animal politique*, peut se développer pleinement et donner la mesure de sa valeur. Il importe donc de l'y préparer. Le grave Rollin lui-même le dit : « N'est-ce pas la bonne éducation qui met tous les citoyens en état de remplir dignement leurs différentes fonctions? N'est-il pas évident que la jeunesse est comme la pépinière de l'État, que c'est par elle qu'il se renouvelle et se perpétue? que c'est d'elle que viennent tous les pères de familles, tous les magistrats, tous les ministres, en un mot, toutes les personnes constituées en autorité ou en dignité? Et ne peut-on pas assurer que ce qu'il y a de bon ou de défectueux dans l'éducation de ceux qui rempliront un jour ces places, influe dans tout le corps de l'État, et devient comme l'esprit et le caractère général de la nation entière. » (1)

Mais pour préparer la jeunesse à la vie civique, l'éducation commune est indispensable, c'est Rollin qui nous le dit encore : « Les enfants doivent être élevés, non en particulier et dans la maison paternelle, mais en public, par des maîtres communs et sous une même discipline, afin qu'on leur inspire de bonne heure l'amour de la patrie, le respect pour les lois du pays, le goût des principes et des maximes de l'État dans lequel ils ont à vivre. Car chaque espèce de gouvernement a son génie particulier. Autre est l'esprit et le caractère d'un État républicain, autre celui d'un État monarchique, or, c'est par l'éducation que l'on prend cet esprit et ce caractère. (2) »

Ces paroles si pleines de sens, nous ramènent forcément à une conclusion que les Anciens ont toujours admise et que nous avons déjà signalée, c'est-à-dire au droit ou, pour mieux dire, au devoir qu'a l'État d'intervenir dans l'éducation de la jeunesse. C'est lui, nous tenons à le redire qui doit déterminer les garanties à exiger des maîtres, élaborer les programmes et les règlements, veiller à ce que les conditions de la

(1) *Traité des études*, liv. VIII.
(2) *Loc. cit.*

santé morale et physique des enfants soient toujours observées; c'est à lui enfin qu'il appartient, par un système d'examens de toute espèce, par des inspections multipliées, de contrôler les moyens employés, les résultats acquis, et de rechercher les réformes à faire, les progrès à poursuivre. Mais il ne doit pas s'en tenir à cette fonction un peu négative de direction et surveillance; *il faut qu'il se charge lui-même d'élever les futurs citoyens*. Et cela est de toute raison. L'État prend sur lui, et tous l'approuvent, les charges générales de l'agriculture, du commerce et de l'industrie, de la sécurité publique et privée, au dedans comme au dehors : dès lors, comment n'aurait-il pas le droit, bien plus, le devoir, de former ceux sur lesquels il s'appuiera plus tard? « Qui préparera à la nation, si ce n'est l'éducation nationale, les caractères que nos institutions réclament, les mœurs publiques sans lesquelles la liberté n'est pas viable? » (1).

Quelle que soit la valeur des lois sociales sur l'éducation des futurs citoyens, celle des institutions scolaires, des programmes, des maîtres

(1) *Instruction ministérielle*, nov. 1890.

enfin, la coopération des parents demeure indispensable.

Si le devoir de la première éducation, qui leur incombe à peu près exclusivement, était compris et pratiqué par eux de la façon que nous avons dite plus haut, ils donneraient aux maitres des élèves admirablement préparés à recevoir une seconde éducation, qui serait la continuation de la première, et à laquelle d'ailleurs la famille contribuerait toujours très largement.

Mais, qu'il est loin, hélas! d'en être toujours ainsi! et combien les maitres, instituteurs et institutrices surtout, ont lieu de se plaindre d'avoir affaire à un grand nombre d'enfants chez lesquels tout est à faire, quand tout n'est pas à défaire, pour le refaire! Comme ils ont raison surtout de déplorer qu'au sortir de la classe les enfants retrouvent, dans le milieu familial, l'indifférence, quand ce n'est pas l'ironie ou l'hostilité à l'égard de ce qu'on leur enseigne à l'école. Comment dans ces jeunes consciences, dans ces jeunes cœurs, ne se développerait-il pas un doute angoissant d'abord, puis un précoce scepticisme, devant influer de façon lamentable sur les premiers débuts dans la vie et dès lors sur la vie tout entière ?

Nous savons, hélas! que beaucoup de parents, négligents ou indifférents, pourraient alléguer maintes excuses, même en ce qui concerne les mauvais exemples que trop souvent ils donnent à leurs enfants. Et c'est bien ce qu'ont senti et compris les hommes, vraiment amis du peuple, qui ont créé les œuvres scolaires, destinées à abriter, matériellement et moralement, les petits et les grands, avant, pendant et après les années d'école. Là les enfants peuvent acquérir ces connaissances et surtout prendre ces habitudes qui en feront un jour de bons pères de famille et de bons éducateurs. Bénie soit donc la généreuse initiative de ces bienfaiteurs de la jeunesse, de la Patrie, de l'Humanité.

Mais cela n'empêche pas que les parents doivent concourir aux bons effets de ces œuvres et de l'école elle-même. Pour cela il faut qu'ils témoignent d'un intérêt toujours bienveillant pour ce que font leurs enfants sous la direction des personnes à qui, à un titre quelconque, ils ont délégué leur mission. Il faut qu'ils les soutiennent constamment de leur autorité, toujours prête à intervenir, pour maintenir chez les enfants le respect, l'esprit de discipline, en même temps que la reconnaissance pour les soins dont ils sont les objets. Sans cette collaboration, la semence jetée à pleines mains par les maîtres ne saurait germer. La tâche est d'ailleurs bien facile. On a écrit à ce sujet une page charmante que nous nous en voudrions de passer sous silence.

« Lorsque l'enfant entre au lycée, il se produit dans sa vie une sorte de phénomène moral qui le rend singulièrement intéressant à suivre. Le grand air de l'éducation publique l'excite. Externe, il faut qu'il raconte par le menu, à la table de famille, tous les détails de la classe à laquelle il vient d'assister. Interne, il n'a pas trop de son dimanche pour faire connaître les incidents de la semaine : ses impressions et celles de ses camarades anciens et nouveaux; ce qu'on dit du professeur, du maître d'étude; les habitudes de celui-ci, les succès de celui-là; les récompenses accordées, les punitions infligées, l'intervention de tel ou tel supérieur; et sur chaque chose, il a son appréciation, son mot, mot qu'il emprunte plus ou moins, qu'on se passe d'ordinaire tout fait, mais que les plus intelligents s'approprient parfois avec un sentiment très personnel. Pour des parents clairvoyants quelle prise dans ces confidences exubérantes! Quelle occasion de saisir les transformations qui s'annoncent dans le caractère de l'enfant, de connaitre le milieu où il se développe, de le garantir contre les entraînements, de lui donner la raison des sévérités ou des indulgences qu'il n'a pas comprises, de fortifier dans son cœur le sentiment de la confiance et du respect, de le faire rentrer en lui-même, surtout de façon qu'il tire de ses propres discours la leçon qu'ils contiennent. » (1).

Ce qui est vrai du lycéen l'est aussi, et peut-être plus encore, de l'élève de l'école primaire.

L'utilité, la nécessité et aussi le charme de cette collaboration des parents avec les maîtres sont d'ailleurs, il faut le reconnaître, de mieux en mieux compris, acceptés et pratiqués.

(1) Gréard. *Instruction et Éducation* t. II, p. 225

CHAPITRE IV

L'ÉCOLE DANS LA DÉMOCRATIE
L'ÉDUCATION INTELLECTUELLE ET MORALE DES FUTURS CITOYENS

Quantum scit homo, tantum potest; autant l'homme a de savoir, autant il a de pouvoir, écrivait, il y a trois siècles, le chancelier Bacon. Il ne faisait qu'exprimer, avec une concision lapidaire, une vérité toujours reconnue, mais qui n'est pas toujours bien comprise.

La puissance de l'homme est sans doute en proportion de son savoir, mais elle ne dépend pas uniquement, ni même surtout du savoir : celui-ci lui donne seulement, avec la connaissance de ce qu'il est, et de la nature dont il fait partie, la possibilité de voir ce qu'il peut et doit faire, et par quels moyens il lui sera permis de parvenir à ses fins.

Mais il est incontestable que, même ainsi

entendue, la science, et par les lumières qu'elle lui fournit et plus encore par l'éducation qu'elle implique, accroit singulièrement la valeur de l'être humain, sa puissance d'action sur la nature, sur ses semblables, enfin sur lui-même. On ne saurait donc trop louer la démocratie de consacrer ses soins les plus attentifs au développement de l'instruction générale des futurs citoyens.

A cet égard, il y a lieu de distinguer les *programmes* et l'*enseignement*.

En ce qui concerne les programmes, nous n'avons évidemment pas à entrer ici dans les détails. Nous dirons seulement qu'ils doivent sans doute viser au *développement intégral des facultés de l'esprit*, mais que surtout il faut qu'*ils aient une tendance éducatrice*.

Quand nous parlons d'*enseignement intégral*, nous ne voulons pas dire qu'il faille tout enseigner à toutes les intelligences ; ce serait évidemment une absurdité, et c'est bien le cas de répéter la célèbre maxime : *à chacun suivant ses aptitudes et ses forces*. Tout en s'appliquant à donner à tous leurs élèves le minimum de connaissances sans lesquelles ils seraient en état d'infériorité marquée, soit dans le combat pour la vie, soit dans l'accomplissement de leurs devoirs personnels et sociaux, les maitres sauront discerner les dispositions spéciales et les orienter, appeler progressivement les enfants, puis les jeunes gens aux études théoriques et pratiques pour lesquelles ils montreront plus de goût et d'aptitudes, et développer ainsi chez eux le désir de mettre en valeur ce qu'ils sont et ce qu'ils peuvent être, pour leur bien propre et pour le bien commun. Cela posé, il serait à souhaiter *que nul enfant, nul adolescent, ne fût, du seul fait de sa naissance et de la position de sa famille, condamné à rester sans la culture à laquelle il aurait pu naturellement aspirer, et cela au grand détriment de toute la Société*. Ainsi doit s'entendre l'enseignement intégral et il importe que les lois scolaires tendent toujours davantage vers cet idéal. Des progrès marqués ont d'ailleurs été déjà réalisés en ce sens et, de plus en plus, les enfants bien doués et travailleurs peuvent, quelle que soit leur origine, aspirer à la plus haute culture, et donner ainsi à la Société les plus belles espérances pour l'avancement des Sciences, des Lettres et des Arts, comme aussi de l'activité économique dans toutes ses formes.

Mais l'enseignement à tous les degrés doit surtout avoir une valeur éducative, développer la faculté d'attention, l'esprit d'observation et de réflexion, le jugement personnel, former en un mot l'individu à penser par lui-même.

Or, qu'est-ce au juste que *penser par soi-même*? Assurément, ce n'est pas se faire des idées que personne n'ait jamais eues. Il est fort difficile d'innover en matière de connaissances; c'est le rare privilège d'une élite, et l'histoire des sciences montre assez combien de temps et de peine a coûté aux hommes de génie la découverte des vérités qui semblent aujourd'hui les plus banales. C'est qu'il faut à l'activité intellectuelle, avec une matière première, une première formation: on apprend à penser comme on apprend à marcher, à se vêtir, à se nourrir, au risque de contracter des habitudes dont on subit plus ou moins l'influence tout le reste de la vie: de telle sorte qu'on pense à peu près comme le milieu social dont on fait partie. Et c'est ici qu'apparaît bien la délicatesse en même temps que la gravité de la tâche qui incombe aux maîtres de l'enfance et de la jeunesse, et l'étendue de leur responsabilité. Ils ont, en effet, à éviter un double écueil; asservir les jeunes intelligences à des dogmes immuables, ou bien ne leur donner aucun enseignement positif, ne leur prêcher aucune croyance et par là-même laisser désemparée leur raison trop faible. Il est heureusement un moyen d'échapper à l'un et à l'autre danger. Si le maître s'est fait à lui-même des convictions sérieuses, s'il peut donner le pourquoi de ce qu'il croit et de ce qu'il aime, s'il a la certitude que ses croyances ne sauraient nuire ni à l'esprit, ni au cœur de ceux à qui il les communiquera, alors qu'en conscience il les expose avec toutes les ressources de son talent, pourvu qu'en même temps il s'applique à stimuler, chez ses jeunes auditeurs, la tendance à la réflexion personnelle.

Au reste, les programmes sont bien propres à faciliter ici la tâche des maîtres : d'une part l'étude et la pratique des matières scientifiques donne à l'esprit un besoin croissant de clarté et d'ordre dans les idées, d'exactitude dans les observations, de rigueur dans les démonstrations. D'autre part la fréquentation des meilleurs auteurs anciens ou modernes, l'interprétation raisonnée de leurs œuvres, l'étude impartiale de l'histoire, tout cela contribue à développer, dans les jeunes âmes, des aspirations qui ont toujours été l'honneur de l'humanité, à leur faire comprendre la valeur infinie de la pensée, le respect que l'homme doit avoir pour lui-même et pour ses semblables.

Et c'est ainsi que, guidés par leurs maîtres, les enfants apprennent à penser par eux-mêmes, c'est-à-dire à s'assimiler, par un effort personnel, des pensées auxquelles ils donnent un assentiment raisonné, à devenir des *libres-penseurs*, dans le beau sens de l'expression.

Être *libre penseur*, en effet, ce n'est pas, comme on le croit trop souvent, rejeter de parti pris certains dogmes pour leur en opposer d'autres, substituer à un *credo* rigide, un autre *credo* ou un *non-credo* tout aussi intransigeant. C'est tâcher à se faire des convictions personnelles, que l'on prétendra exprimer librement, et auxquelles on aura à cœur de conformer ses actes comme ses paroles. Mais c'est aussi respecter chez les autres les convictions également sincères, (et il faut les supposer telles, à moins de preuves contraires); c'est revendiquer pour eux comme pour soi le droit de manifester leurs croyances et de les défendre. Le libre penseur, tel que nous le concevons, est à la fois mesuré et modeste dans ses assertions, tolérant à l'égard des autres hommes. Convaincu qu'il ne saurait y avoir d'erreur absolue, il s'applique à démêler, afin d'en faire son profit, la part de vérité contenue dans les doctrines qu'il ne partage point.

Ainsi comprise, la pensée libre est un puissant

facteur du progrès individuel et social et il faut y applaudir sans réserves. Il faut l'encourager par tous les moyens possibles.

Mais alors la pensée n'est pas seulement ni même surtout l'œuvre de l'*intelligence* : elle est bien plus encore l'œuvre de la *volonté* et même du *cœur*, en un mot de l'âme tout entière. Que d'obstacles en effet l'homme doit surmonter pour arriver à penser par lui-même : ce sont les habitudes premières, c'est la paresse, ce sont les passions et les intérêts, c'est encore le respect humain : que de courage il faut pour lutter et pour vaincre! Quel amour ardent et désintéressé de la vérité et du bien! Aussi a-t-on pu dire que « l'acte le plus sacré de la vie d'un homme est de dire et de sentir : je crois que ceci ou cela est vrai ». La personnalité entière s'y trouve engagée. Et cet acte est d'autant plus grave que, la pensée se traduisant toujours, directement ou indirectement, par le langage et l'action, un individu ne pense jamais pour soi seulement, mais aussi pour les autres : on a maintes fois montré l'influence sociale de l'exemple, mais on n'a peut-être pas assez fait ressortir la portée des paroles; elles volent sans doute, suivant l'expression pittoresque du vieil Homère, mais souvent elles n'en laissent pas moins des traces ineffaçables dans les âmes; que sera-ce donc des paroles matérialisées par l'écriture? et qui pourrait dire tout le bien et tout le mal causés encore à chaque instant aujourd'hui, par des livres dont les auteurs sont morts depuis des centaines, des milliers d'années?

Il importe donc que les maîtres apprennent à leurs élèves à bien penser, à penser librement, avec la claire et vive conscience de toute la responsabilité qu'ils assument, personnellement et à l'égard d'autrui.

Apprendre aux futurs citoyens à penser, c'est déjà commencer l'éducation de leur caractère. Car *penser c'est agir* et ce que pense un homme est toujours une marque de son caractère. Buffon a dit: « Le style, c'est l'homme même ; » on a contesté la justesse de ce mot. Il me semble cependant très vrai, en ce sens au moins que, lorsqu'il écrit, l'auteur témoigne du caractère qu'il voudrait avoir et qu'il aurait réellement si sa volonté était assez énergique.

Le caractère, comme le mot l'indique, est la marque particulière de l'individu. C'est la résultante de toutes ses inclinations naturelles, développées en habitudes, sous la prédominance d'une inclination plus puissante, qui oriente le tout et se manifeste plus ou moins vivement dans toutes les paroles et dans tous les actes. Rien donc n'est plus variable que le caractère chez les différents individus ; mais rien aussi n'est plus durable que le caractère, dans ce qu'il a d'acquis comme dans ce qu'il a d'inné, une fois qu'il a été formé chez un individu : c'est au caractère que s'applique le dicton bien connu : *chassez le naturel il revient au galop.*

Il est cependant une distinction très importante, consacrée par le langage courant : si chacun a *son caractère*, tout le monde n'a pas *du caractère*, et l'on pourrait, en jouant sur les mots, dire qu'il est des gens dont le caractère est de n'en pas avoir. Façonnés surtout par leur milieu, gâtés souvent par leurs parents, ils ont contracté, à peu près passivement, des habitudes mauvaises ou mal coordonnées, des passions diverses, et ils pensent, ils agissent au gré des circonstances, véritables épaves emportées au courant de la vie. D'autres ont une volonté plus énergique, mais comme ils la mettent au service de leurs préjugés, de leurs intérêts ou de leurs passions égoïstes, ils commettent souvent des erreurs de conduite, ils tombent dans des excès infiniment regrettables et pour eux et pour les autres; tels certains ambitieux dont l'histoire nous a conservé les noms, avec le récit de leurs néfastes exploits.

Au sens rigoureux du terme, *le caractère*, c'est-à-dire *ce qui distingue l'homme, ce qui le tire de la masse amorphe des choses, des animaux ou de ses semblables plus ou moins animalisés*, c'est cette *vigueur de la volonté* que déjà les Stoïciens célébraient et qui, *conformant la conduite à la raison, au devoir, lui donne une harmonieuse unité et fait de la vie*, suivant le beau mot d'Aristote, *une véritable œuvre d'art*.

Or, *pour vouloir il faut aimer* et l'on ne saurait avoir vraiment du caractère si l'on ne se propose *un idéal*. « L'homme, a dit fort bien Renan, ne vaut qu'en proportion de ce qu'il croit et de ce qu'il aime. »

Le caractère idéal devra donc unir à une volonté forte une raison éclairée, une conscience droite, une sensibilité délicate et généreuse; et ce sont bien les qualités que les éducateurs de la démocratie doivent et peuvent développer chez leurs élèves, en faisant surtout appel à leur initiative personnelle. Nous avons dit déjà comment ils formeront leur raison. Voyons comment ils pourront former leur *conscience* et leur *cœur*.

L'éducation de la conscience se fera par *l'enseignement moral.*

Longtemps on a pensé que cet enseignement était inséparable de l'enseignement religieux, et l'on sait quelle indignation s'est manifestée à l'égard de la *morale sans Dieu*, et par quels sarcasmes! Et cependant c'est une vue très sage, qui a *séparé l'un de l'autre les deux enseignements, sans pour cela les opposer l'un à l'autre.*

Tandis, en effet, qu'il y a une multitude de religions, assez différentes dans leurs prescriptions pratiques comme dans leurs dogmes, il y a, quoi qu'on en dise, *une morale rationnelle universelle*. Si opposées que paraissent, au premier abord, les doctrines de l'intérêt et du devoir, les prescriptions pratiques sont les mêmes, et il est très facile de s'apercevoir que l'intérêt bien entendu, c'est de faire son devoir dans tous les cas, et que la beauté morale, c'est-à-dire l'honnêteté, c'est de faire ce que prescrit le devoir en oubli de l'intérêt et par respect pour le devoir et pour soi-même.

Or que commande le devoir, sinon à la personne de se respecter elle-même dans l'indépendance de sa Raison, dans l'autonomie de sa Volonté? Kant a formulé admirablement les préceptes fondamentaux de la vie morale : « Respecte la personne, » — « Que l'humanité, en toi et chez les autres, te soit toujours sacrée » — « Traite toujours la personne humaine comme une fin, jamais comme un moyen. » — « Agis de telle façon que tu puisses vouloir que la maxime de ton action soit érigée en règle universelle. »

Ces principes posés, les vertus personnelles et sociales se définissent très aisément, et il sera facile d'en établir la solidarité en même temps que la hiérarchie, de montrer, par exemple, qu'un individu ne saurait manquer à ce qu'il se doit à lui-même sans faire tort à ses semblables, ne fût-ce qu'en affaiblissant en lui la puissance de connaître, d'aimer et de vouloir le Bien ; on fera voir tout aussi clairement que la justice ne saurait être complète, ni même ne saurait réellement exister, sans le sentiment profond de la solidarité, sans l'amour éclairé et actif des autres hommes.

Tel peut et doit être l'enseignement de *la morale sans Dieu : et ce n'est point*, hâtons-nous de le dire, *la morale qui nie Dieu*; si elle ne donne pas la solution des problèmes religieux, si elle ne les aborde même pas, elle en reconnait l'importance en même temps que la délicatesse, et, prêchant la tolérance avec le respect des personnes, elle laisse toute latitude aux parents pour donner ou faire donner à leurs enfants, sous leur pleine responsabilité, tel enseignement religieux qui leur conviendra, ou même pour ne leur en donner aucun.

En cela, la morale laïque est plus voisine de la religion qu'on ne pense, ne serait-ce qu'en préservant les jeunes esprits du spectacle scandaleux des luttes entre les diverses religions, ou plutôt entre les hommes qui se targuent de les représenter.

Enseigner les principes et les règles de la morale rationnelle est fort bien. Mais ce n'est qu'une partie de la tâche des éducateurs; il leur faut encore et surtout disposer les cœurs à les mettre en pratique en les leur faisant aimer.

Les Anciens avaient admirablement pénétré l'identité fondamentale du Bien non seulement avec l'utile, mais encore et surtout avec le Beau, et ils concevaient une éducation progressive, amenant l'individu de la recherche de l'utilité au goût pour la Beauté et enfin à l'amour du Bien. A cet égard, les modernes n'ont rien dit de nouveau, mais, la science aidant, avec toutes ses applications, ils ont donné plus de clarté à la conception antique et ils ont trouvé plus de moyens et de ressources pour la rendre pratique.

Dès l'école primaire, l'enfant peut être dressé à la connaissance, à l'amour, au culte de la Beauté sous toutes ses formes, dans la nature et dans l'art. On peut lui inculquer le goût de *l'ordre*, de *l'harmonie*, autour de lui, sur lui, en lui-même, et de la sorte, on le préservera déjà de bien des fautes. — Par l'enseignement scientifique, on lui rendra sensible la beauté de l'ordre qui règne dans l'univers et on accroîtra son désir de se conformer, dans ses actes, à cet ordre, qu'il est d'ailleurs de son intérêt d'observer. — Enfin si, comme le dit Kant, on éveille dans son âme « l'admiration et le respect pour la voûte étoilée sur nos têtes », sera-t-il donc bien difficile de lui suggérer les mêmes sentiments pour « la loi morale dans nos cœurs » ? A cet égard la lecture des chefs-d'œuvre de l'esprit humain et l'étude de l'histoire fourniront aux maîtres les occasions et la matière de maintes leçons d'*enthousiasme* qui, souvent répétées, développeront le goût du Bien, et aideront à le vouloir.

Et que l'on n'aille pas objecter ici la *faillite de la science*, si bruyamment proclamée naguère par M. F. Brunetière. Car, disons-le tout d'abord, la science n'a jamais failli à sa mission propre, qui est seulement de chercher le comment et le pourquoi de ce qui est ou arrive, sans aucune préoccupation d'ordre religieux, métaphysique ou moral. Elle propose les résultats trouvés, en des théories auxquelles jamais elle n'a prétendu attribuer une valeur absolue ; elle se contente des applications pratiques qui aident au progrès matériel et moral de l'humanité.

D'un autre côté, comment la science pourrait-elle moralement faire faillite, puisque le bien moral c'est pour l'homme de devenir ce qu'il doit être, conformément à sa nature et à l'ordre des choses, que la science s'applique à connaître. Il est seulement vrai que parfois des savants ou plutôt des métaphysiciens, accordant à certaines théories, plus ou moins hypothétiques, une trop grande valeur, en ont déduit des conclusions pratiques, forcément suspectes, et dès lors dangereuses. C'est ainsi qu'on a abusé de la belle doctrine de l'évolution universelle, pour en tirer la morale du *struggle for life* et de l'arrivisme, somme toute du pessimisme. Mais la science ne saurait être rendue responsable de l'abus qu'en font certains individus, et il faut bien dire que, même se réduisant à sa fonction propre, elle peut et doit avoir une haute valeur morale.

Si, en effet, il suffit à chacun de rentrer en soi-même pour reconnaître ce qu'il est et ce qu'il doit être, pour savoir dans chaque alternative quel est le parti le plus honnête, c'est-à-dire l'action la plus conforme à ce qu'exige le respect de la personne humaine, il faut bien convenir que la matière de la conduite serait fort indéterminée, sans les lumières que la science donne à l'homme sur les conditions de son existence, dans l'ordre matériel par les travaux des physiciens et des biologistes, dans l'ordre moral par les recherches des psychologues, des historiens, des sociologues.

D'autre part l'esprit scientifique n'est-il pas nécessairement moral ? Ce que nous avons dit au sujet de l'éducation de la liberté de penser suffit à le prouver, car c'est assurément chez le savant que se réalise l'indépendance de la pensée avec toute sa grandeur, sa beauté, comme avec son utilité.

Qu'on ne nous parle donc plus de la faillite de la science : rien ne saurait nous enlever notre confiance amplement justifiée en sa valeur morale, comme auxiliaire indispensable de la conscience personnelle.

Mais, a-t-on encore objecté, que vaut enfin

cette morale de la personnalité? Sur quelles garanties repose-t-elle? quelles espérances la peuvent soutenir pratiquement?

La réponse nous semble aisée.

Même dans l'hypothèse le moins favorable sur l'origine et la fin des choses, nous voulons dire dans l'hypothèse de l'athéisme matérialiste et pessimiste, cette morale conserve une haute valeur.

Quand il serait vrai que la pensée, le personnalité ne sont que des accidents au sein d'un univers inconscient, indifférent et chaotique, et qu'elles doivent disparaitre à jamais, comme des éclairs ayant un instant illuminé vaguement l'horreur des ténèbres, elles n'en seraient pas moins respectables et dignes à la fois d'admiration et de pitié. Et comme d'ailleurs, dans cette hypothèse, l'avenir est impénétrable, le plus sage serait encore d'accepter la vie consciente pour en tirer le meilleur parti possible, ne fût-ce qu'en diminuant la part de la souffrance dans le monde, par les efforts d'une sympathie toujours plus active.

Mais, heureusement, cette hypothèse n'est pas la seule que l'on puisse faire sur ce redoutable problème du fond des choses et de leur destination, et selon nous, ce n'est pas la meilleure, même intellectuellement parlant.

Plus la science avance et plus se légitime la confiance que notre Raison a naturellement en elle-même : en effet, les investigations scientifiques consistent essentiellement à deviner le plan de la nature, dans ce qui est ou a été, comme les applications de la science, à deviner ce qui sera, « à prévoir afin de pourvoir ». Or, dans l'une et l'autre fonction, le savant voit très souvent ses hypothèses, ses prévisions justifiées ; on en peut donc légitimement conclure que la Raison qui guide la pensée est au fond la même que celle qui gouverne la nature.

Mais alors, loin d'être dans l'univers un accident passager, la conscience, la pensée, la personnalité seraient un aboutissement normal de l'évolution régulière des choses, et au lieu d'avoir à craindre qu'elle disparaisse, on peut, on doit même avoir la confiance qu'elle se développera de plus en plus, pour aider en connaissance toujours plus claire, en efforts toujours plus énergiques, à l'évolution générale. Aristote l'avait déjà dit, *le monde tend vers la pensée*, et il semble bien que le moderne Aristote, Herbert Spencer, arrive à la même conclusion.

De là on pourrait aisément et il semble même que l'on devrait logiquement conclure la valeur d'une autre hypothèse : si l'univers tend vers la pensée, ne serait-ce pas qu'il y a, au début, *une Pensée directrice* et qui se possède pleinement elle-même ? Aristote l'enseignait en effet. N'est-ce pas aussi que chaque être pensant peut espérer en la continuation de son existence personnelle par delà les limites de la vie terrestre, ne fût-ce que pour satisfaire, avec sa soif de Justice idéale, ses aspirations vers le Vrai, le Beau et le Bien ? de Socrate à Leibniz, de Leibniz à Kant, ce fut la conviction profonde des plus grands métaphysiciens.

Mais quand bien même *le divin* n'existerait qu'en puissance à l'origine des choses, et ne deviendrait conscient de son existence et de sa valeur qu'après une lente évolution, dans des êtres humains ou analogues aux hommes, le divin, comme *idéal*, ne resterait pas moins l'objet d'un culte, pour la connaissance, l'amour et l'action, et, à défaut d'autre religion, nous pourrions encore avoir la *religion de l'Humanité* et le *culte des grands hommes*, ces *saints laïques* qui furent, à certains égards au moins, de beaux spécimens d'humanité supérieure, dont les travaux furent bienfaisants, et dont l'exemple demeure essentiellement moralisateur. C'est la vie des grands hommes de tous les temps et de tous les pays, qui peut surtout fournir aux maîtres de la jeunesse une ample matière pour des leçons d'enthousiasme.

Mais encore une fois, ce culte de l'Humanité et des grands hommes n'est nullement exclusif d'une autre religion. Il demeure entendu que les individus doivent être libres, s'ils en éprouvent le besoin, de se rallier à telle ou telle forme de religion positive et qu'on leur doit le respect de leurs convictions, pourvu qu'en retour ils respectent les convictions des autres.

La morale laïque ne menace donc personne, elle ne combat aucune doctrine que celles qui prétendraient abaisser la personne humaine, en l'asservissant à des principes, à des règles, à des croyances, auxquels elle ne donnerait pas son libre assentiment. Dès lors, loin de diviser les hommes, elle ne peut que les unir dans le respect et la bienveillance mutuels, en contribuant à dissiper tous les malentendus.

CHAPITRE V

L'ÉDUCATION SOCIALE. — LA SOLIDARITÉ

On distinguait autrefois très nettement la vie sociale en *civile* et *politique*. Il semblait que l'activité politique fût réservée à un petit nombre d'individus, l'exerçant par goût ou en raison d'un concours particulier de circonstances. La plupart des hommes se contentaient de mener la vie civile sous la protection et la surveillance des détenteurs de la puissance publique. On passait aisément pour un bon citoyen lorsqu'étant bon époux et bon père, on ne faisait de tort à personne et qu'obéissant aux lois, on payait bien ses impôts.

Aujourd'hui cette distinction n'a plus guère de raison d'être, ni en droit ni en fait: car il est trop clair que la conduite privée et la conduite publique sont de plus en étroitement liées. Tout ce que fait un individu, même dans le domaine le plus intime, a une portée sociale, et la fin de l'activité politique, c'est à coup sûr de rendre à la fois, plus facile et meilleure, matériellement et moralement, la vie privée, individuelle et domestique, et la vie civile, grâce à la pratique toujours plus large de la solidarité toujours mieux comprise.

On peut donc dire que la conception maîtresse de la morale sociale, au point de vue purement laïque, c'est celle de la *solidarité*.

L'usage de ce mot *Solidarité* tend de plus en plus à se répandre, surtout depuis que le développement des œuvres de mutualité a pris un si large essor. Et il semble bien qu'il exprime une conception nouvelle de ce que devraient être les relations des hommes entre eux.

Cependant nous voyons les détracteurs des mœurs et des idées modernes multiplier complaisamment leurs efforts d'ironie et sur le terme et sur la chose, comme d'ailleurs sur les termes de la devise républicaine, *liberté*, *égalité*, *fraternité*, que celui de *solidarité* semble si bien compléter en lumineuse synthèse. A les entendre ce ne seraient là que de vains mots, n'ayant qu'une signification vague, ou ne correspondant qu'à de froides abstractions : ils formeraient avec celui d'*altruisme* la fausse monnaie laïque, destinée à remplacer, bien malheureusement, le beau mot de *charité*, si plein de sens et pour l'esprit et pour le cœur, mais condamné et rejeté en haine de ses origines et de ses allures chrétiennes.

Eh bien, nous en sommes fermement convaincu, loin d'être vague, le terme *solidarité* a un sens très clair et très beau ; le sentiment et l'idée qu'il exprime sont essentiellement modernes et laïques. D'ailleurs la solidarité bien comprise et par là-même bien pratiquée, loin d'aller contre la conception chrétienne de la charité, la développe et l'épure en la rapprochant de l'idéal si bien rendu par son nom tiré du grec *chairein*, *aimer*, *chérir*. C'est ce que nous voulons essayer d'établir.

Souvent nous avons entendu soutenir cette thèse : « Le christianisme seul a compris la charité ; le premier il l'a mise en pratique, et seul encore aujourd'hui il a le secret de la vraie charité. »

Admettre une pareille opinion sans conteste, ce serait faire une injure gratuite aux plus illustres représentants de la pensée antique et sans doute aussi se mettre en contradiction avec l'histoire de maint peuple non chrétien. Socrate, pour ne citer que la personnification même de la philosophie grecque, n'a-t-il pas formellement dit qu'il faut être bienfaisant en même temps que juste, plaindre les méchants, et non seulement ne pas leur rendre le mal pour le mal, mais au contraire le bien pour le mal? (1) Et ne trouvons-nous pas, chez le sage empereur Marc-Aurèle, des préceptes de bienveillance et de bienfaisance tellement analogues aux règles de la charité chrétienne, que certains ont pu, bien à tort, imaginer une initiation au christianisme, chez ce prince philosophe mais persécuteur des chrétiens? (2)

Il est vrai cependant que, dans la décadence romaine, et au travers des siècles de barbarie, le christianisme a prêché l'égalité morale et la fraternité des hommes, prescrit aux puissants de ménager, de soutenir et d'aider les faibles ; aux riches, de secourir les indigents; qu'il s'est efforcé de rehausser la dignité morale des pauvres et qu'il a multiplié les œuvres et les institutions charitables. Il est vrai que beaucoup de chrétiens, comme les François d'Assise et les

(1) *Criton*, passim.

(2) *Pensées*, II, 2 ; IV. 4, 29 : V. 28 : VII, 26 : IX. 11, 27 : XI, 9. 13, 18.

Vincent de Paul, ont su s'élever, et élever avec eux quelques-uns de leurs frères jusqu'à l'héroïsme du plus ardent et du plus pur amour pour les déshérités du sort. — Mais il est vrai aussi que c'est là une élite bien peu nombreuse, au regard de la grande masse des chrétiens, dont la charité est beaucoup moins désintéressée : elle se borne ordinairement, en effet, à quelques légers sacrifices de leur superflu matériel en faveur de leurs frères malheureux. Ces sacrifices, ils les consentent pour éviter l'effet des menaces faites aux mauvais riches, ou afin de s'assurer, dans la vie future, le centuple promis pour un verre d'eau donné dans la vie présente.

Mais quand bien même la charité des chrétiens ordinaires n'aurait pas cette étroitesse et ces allures mesquines, quand elle pratiquerait de la façon la plus large les préceptes que l'Évangile adresse aux hommes désireux de parvenir à la perfection, nous n'hésitons pas à dire, et cela sans aucune intention de critique hostile, que la conception chrétienne de la charité nous paraît insuffisante, parce qu'inférieure à la notion moderne de ce qu'est vraiment l'homme et de ce qu'il doit être.

Nous connaissons en effet la formule précise du précepte chrétien de la charité. « Aimez Dieu par-dessus toutes choses et votre prochain comme vous même, pour l'amour de Dieu. » Mais alors, si on n'aime pas Dieu, ou du moins si on ne le conçoit et ne l'aime pas à la façon chrétienne si surtout on ne croit pas en Dieu, il ne sera donc plus possible d'aimer ses semblables, de leur vouloir et de leur faire du bien? il n'y aura plus de charité? Les chrétiens le croient bien ainsi; mais les philosophes protestent et ils pensent que, même à défaut de toute autre religion, de tout autre culte, la religion et le culte de la pitié et de l'amour peuvent et doivent subsister. Et de fait, ne voyons-nous pas fréquemment, parmi ceux qu'on nomme des impies, des athées, éclater des exemples d'un dévouement d'autant plus méritoire que leurs auteurs n'en attendent aucune récompense, ni dans cette vie ni dans une autre?

Mais ce que nous devons à nos semblables, avant l'amour, avant la pitié surtout, c'est *le respect*, c'est *la justice*. Sans doute le christianisme proclame respectables la pauvreté, l'infirmité, la faiblesse, mais à un point de vue tout particulier : les malheureux sont censés représenter le Christ souffrant. Le détour est ingénieux et jusqu'à un certain point louable. Mais il peut conduire à une conséquence d'ailleurs explicitement admise : la glorification de la souffrance, l'acceptation, par le malheureux, de sa misère, de son abaissement. Au reste n'est-ce pas un dogme que la vie terrestre n'est rien auprès de la vie céleste, qu'elle vaut seulement comme une épreuve pour mériter les joies du Paradis ? s'il en est ainsi, loin de fuir la pauvreté, les souffrances, les humiliations, il faut les rechercher avec avidité, et c'est bien la conclusion rigoureusement logique à laquelle certains sont arrivés pratiquement aussi bien que théoriquement, tel ce Benoît Labre que l'église catholique a cru devoir mettre parmi ceux qu'elle vénère et dont elle place les images sur ses autels.

Heureusement, nous le savons, ce sont là des exceptions, bien peu sont appelés à cette perfection idéale, et l'on trouve sans trop de peine le moyen d'accorder la rigueur des principes avec la faiblesse des esprits et des cœurs. Il n'en reste pas moins que, pratiquement, la charité chétienne, pour la plupart de ceux qui se targuent d'en avoir le monopole, se réduit à une assistance surtout matérielle, donnée trop souvent avec indifférence, quand ce n'est pas avec dédain, reçue avec résignation, avec humilité. Il ne reste pas moins qu'ainsi comprise, la charité a été une des principales causes, sinon même la principale, d'un des plus grands fléaux qui désolent les peuples modernes de civilisation chrétienne, protestants comme catholiques, je veux dire *le paupérisme*, lequel dérive essentiellement des méprises, des maladresses de l'assistance soit publique soit surtout privée.

Certes, ceux qui ont le superflu ont le devoir d'en donner une part à ceux qui sont dans le besoin. Mais qu'éprouve l'homme de cœur qui fait l'aumône? N'est-il pas gêné par l'avantage matériel dont il jouit et que son acte manifeste? N'est-il pas humilié de l'humiliation qu'il voit ou devine chez l'individu qu'il secourt et en qui il sent la dignité humaine abaissée? Ne perçoit-il pas, dans le regard, le geste, la voix qui remercient, comme le sourd accent d'une rancune pour une injure que le bienfait impliquerait? N'a-t-il pas ainsi confusément la conscience d'une sorte d'injustice sociale dont il est le complice, au moins involontaire, puisqu'il en profite alors qu'un autre en souffre? Ne comprend-il pas que, dans une société bien ordonnée, il ne devrait pas y avoir de pauvres et que les faibles devraient recevoir, sans aucun sacrifice de dignité personnelle, l'assistance à laquelle ils ont droit? Ne sent-il pas le devoir impérieux de hâter la marche de l'humanité vers cet état idéal? N'a-t-il pas ainsi la révélation, au moins ébauchée, de ce qu'exige non plus la charité seule, mais encore et surtout la *solidarité*?

Qu'est-ce donc enfin que la *solidarité* ?

Consultons d'abord l'étymologie : les termes les plus abstraits tirent leur origine de vocables ayant une signification concrète et se rapportant aux objets et aux faits de l'ordre sensible. C'est bien le cas pour le mot *solidarité* : il dérive de *solide*, lequel désigne un état spécial des corps, la *cohésion* des molécules qui ne peuvent être séparées les unes des autres que par un effort plus ou moins violent. Mais, en outre de la cohésion, les corps organisés présentent une liaison plus ou moins grande de toutes leurs parties entre elles, un *concours* de tous les éléments dans les organes et de tous les organes entre eux pour la conservation et le développement du corps entier. C'est ce concours, cette *harmonie* des fonctions pour une fin commune, qui fait évoluer la solidité en solidarité et assure au corps, toutes choses égales d'ailleurs, une force plus grande de résistance aux actions destructives du milieu : de sorte qu'un être vivant est, tout compte fait, plus solide qu'un corps brut, un ver de terre plus solide qu'un bloc de granit.

On a depuis longtemps comparé les sociétés humaines à des organismes. Sans outrer cette comparaison, dont on a parfois abusé, il est bien permis de dire qu'elle présente une certaine justesse, et que l'on trouve, dans l'histoire des groupements humains, une évolution analogue à celle de la solidarité organique dans la série animale.

D'abord simplement *juxtaposés* les uns aux autres, en des associations temporaires et pour des fins passagères, se rapportant le plus souvent à la conservation de la vie organique, les individus humains sont devenus de plus en plus *interdépendants*, pour la satisfaction de leurs besoins de toutes sortes, que la vie sociale a multipliés et raffinés presque à l'infini; tellement qu'un homme, et cela d'autant plus qu'il est né et a été formé dans un milieu plus civilisé, est incapable de vivre, hors de la société, une vie vraiment humaine : alors même qu'il en est accidentellement séparé, il ne peut subsister qu'en mettant en œuvre les moyens d'action que lui a donnés son éducation sociale. Et cette interdépendance des hommes ne se borne pas à ceux qui vivent à la même époque, dans une même région, en relations personnelles les uns avec les autres : *elle lie tous les êtres humains à travers l'étendue et la durée ;* elle fait que chaque génération vit de ce qu'ont pensé et accompli les générations antérieures et prépare la vie des générations futures. Plus l'humanité avance, plus il apparait que *l'existence et la conduite de chaque individu est fonction de la vie de tous les autres*, et l'espèce prend de plus en plus, en chaque homme, la conscience de ce qu'elle est, de ce qu'elle est destinée à devenir, de ce qu'elle doit faire pour évoluer suivant ses fins naturelles.

Il n'est pas seulement conforme à l'intérêt de l'individu qu'il s'associe avec ses semblables et consacre à leur bien, au bien commun, une partie de ses efforts. Il y est aussi porté naturellement par un besoin profond de son être, par ce qu'on a nommé l'*altruisme* et que l'on peut définir *le besoin d'aimer et d'être aimé*. On a dit souvent que l'altruisme n'est qu'une forme plus raffinée de l'égoïsme, et que, dans les actes les plus héroïques du dévouement le plus pur en apparence, le suprême mobile est toujours l'amour de soi. C'est la thèse que l'on prête, non sans quelque raison, à La Rochefoucauld.

Mais c'est là une erreur, parce que ce n'est qu'une demi-vérité.

A coup sûr, *pour aimer les autres il faut s'ai-*

mer soi-même et le précepte chrétien a pleinement raison, lorsqu'il commande d'aimer son prochain comme soi-même. Mais nul ne contestera qu'il y ait, au point de vue des relations sociales, *deux façons de s'aimer soi-même*, bien différentes et même *diamétralement opposées*. L'une consiste à se servir des autres comme de simples moyens pour son plaisir ou son intérêt personnel sans se préoccuper de ce qui peut en résulter pour eux, de ce qu'ils éprouvent et dussent-ils même en souffrir : c'est proprement l'*égoïsme*. L'autre consiste à mettre son plaisir et son bonheur à être agréable ou utile aux autres, dût-on pour cela s'imposer à soi-même quelque privation ou quelque souffrance : c'est l'*altruisme* ou, si l'on veut, la *charité*.

Sans doute l'individu qui se sacrifie et se dévoue en est récompensé par une joie particulière; mais pour être capable de ressentir cette joie, de se la proposer même, il faut avoir lutté contre soi-même, afin de faire prédominer le besoin d'aimer et d'être aimé sur la tendance à tout ramener à soi.

En effet, bien que l'égoïsme et l'altruisme, tels que nous venons de les caractériser, soient également primitifs, inhérents à la nature des êtres conscients en général et des hommes en particulier, il n'est pas douteux qu'aux origines des sociétés humaines, comme aujourd'hui encore aux débuts de la vie personnelle, c'est l'égoïsme qui se manifeste surtout, amenant et aggravant les conflits de la concurrence vitale et presque toujours l'exploitation des faibles par les forts, dans les luttes sans cesse renaissantes de la violence et de la ruse. Puis, de plus en plus, l'intérêt bien entendu et l'expérience de la vie sociale apprennent aux hommes à se faire des concessions mutuelles, à se rendre des services, à échanger de bons procédés. Dans ce commerce, *la douceur d'aimer et de se faire aimer* se révèle et apparaît précieuse par elle-même, abstraction faite de ses conséquences utiles, et pour la goûter, on devient capable des plus grands sacrifices. C'est un instinct qui se développe en besoin conscient, réfléchi, puis qui revient à la forme instinctive, poussant l'homme bon à se sacrifier dès que l'occasion s'en offre, même sans considérer la joie qui l'en récompensera. Mais cette évolution, ce progrès, ne va pas sans efforts personnels répétés ; car l'égoïsme natif subsiste et parfois, souvent même, il se révolte, et pour le vaincre il faut déployer une énergie de volonté qui fait justement le mérite du sacrifice et justifie l'admiration toujours accordée aux actes d'héroïque dévouement.

Les progrès de l'altruisme ont certainement une très grande influence sur l'amélioration des mœurs et des institutions sociales. Il s'en faut cependant qu'ils suffisent. Car on ne doit pas oublier que c'est l'intérêt surtout qui a déterminé la formation des premiers groupements humains, Or c'est un fait que *l'inégalité matérielle et personnelle* s'est rapidement établie et accrue parmi les hommes vivant en société et que les plus forts ont établi des lois surtout pour s'assurer des privilèges et les conserver, en leur donnant le nom et l'apparence de droits inviolables et sacrés. Les œuvres dites *de charité* furent alors le moyen par lequel les forts accordèrent aux faibles une sorte de compensation et aussi disons-le, leur offrirent une occasion d'exploiter à leur tour les privilégiés.

Mais peu à peu la science et la philosophie avançaient, la pensée libre faisait des progrès, et les philosophes comprenaient mieux et faisaient mieux comprendre autour d'eux la vraie nature et la dignité morale de l'homme; ils proclamaient *l'égalité morale naturelle de tous les hommes*, en l'établissant non plus sur une commune dépendance de créatures finies à l'égard de la divinité infiniment supérieure, mais sur la communauté de la raison, de la volonté, de la personnalité. Et ils prétendirent juger les droits légaux au nom du droit naturel; ils protestèrent contre les privilèges de toutes sortes, basés sur les caprices du sort et les hasards de la naissance, et réclamèrent l'égalité de tous devant la loi.

On sait assez quel écho ces enseignements des philosophes trouvèrent, non seulement dans la bourgeoisie et le peuple, mais jusque chez les représentants des classes privilégiées. Le *Discours sur l'inégalité*, de J.-J. Rousseau, et son *Contrat social*, servirent de bréviaires à tout ce qui pensait en France, et moins de trente ans après la publication du dernier de ces ouvrages, la *nuit du 4 août* donnait le beau spectacle de l'altruisme domptant l'égoïsme, pour l'abolition de tous les privilèges contraires à la Raison et au droit de la nature.

Quoi qu'on puisse penser des hommes et des choses de la Révolution de 1789, il serait impossible à leurs détracteurs les plus acharnés de ne pas reconnaître qu'un pas décisif fut alors fait en avant par l'humanité, qu'un fossé fut alors creusé entre l'ancien régime et les temps nouveaux, fossé qui devait s'élargir et s'approfondir en abîme, pour rendre à jamais impossible le retour au passé. Désormais, en application de la *Déclaration des droits de l'homme*, les individus d'une même nation furent non plus des sujets, mais des citoyens, des *concitoyens;* le pouvoir politique ne fut plus la propriété d'un petit nombre d'hommes ou d'un seul, mais la délégation, ou plutôt le mandat confié par le peuple à quelques-uns : ceux qui ne comprirent pas cette vérité, y furent durement et parfois cruellement rappelés par l'expérience, et nul aujourd'hui, même parmi les plus fervents admirateurs de l'ancien régime, ne voudrait et surtout n'oserait se dire le champion de la théorie du droit divin ou du pouvoir absolu.

Les institutions politiques des peuples modernes civilisés, nous l'avons assez dit, alors même qu'ils sont gouvernés monarchiquement, sont *démocratiques* en principe et tendent à le devenir toujours davantage en fait. Et de plus en plus nous voyons croître, en radieuse lumière, cette aurore du jour où tous les peuples pourront enfin s'entendre dans la paix universelle, pour travailler à l'œuvre commune du bonheur de tous les êtres humains.

Cette révolution dans les mœurs et les institutions politiques, consacrant une évolution dans les idées, devait amener une orientation nouvelle de la morale, et le grand philosophe allemand Emmanuel Kant, se chargea d'en écrire l'Évangile. Désormais le devoir ne fut plus d'obéir aveuglément à la volonté divine, traduite en prescriptions religieuses plus ou moins variables et plus ou moins intelligibles à la raison humaine. Le fondement du Devoir fut le même que celui du Droit, *la valeur de la personne humaine;* et il fut recommandé à chaque homme, pour discerner le bien et le mal, de rentrer en soi-même. Dans le for intérieur, en imposant silence aux préjugés, aux intérêts et aux passions, chaque homme peut trouver un guide, ou plus exactement un législateur dont les décisions sont infaillibles. « Tu es, dit la conscience morale, une personne, c'est-à-dire un être raisonnable et libre. Tu te dois à toi-même et je te commande d'éviter tout ce qui te ferait agir en être déraisonnable et lâche, d'accomplir tout ce qui peut te donner plus de lumière, développer ta puissance d'aimer, rendre ta volonté plus ferme. »

Mais si l'homme a l'obligation de respecter en lui-même la personnalité, il doit aussi la respecter chez les autres, d'autant plus qu'il n'y saurait porter atteinte qu'en violant ce devoir envers lui-même, en abdiquant à quelque degré sa raison et sa volonté.

Ainsi il apparaît que le *devoir social* par excellence c'est non pas d'abord d'être bon, mais d'être *juste*. Et pour être juste, il ne suffit pas d'observer les lois positives, imitations toujours médiocres de la loi naturelle écrite dans la conscience ; il faut s'interdire toute démarche, tout procédé par lequel, sans raison moralement suffisante, on abaisserait chez autrui la dignité de la personne humaine, on lui ôterait si peu que ce soit de ses moyens d'action et d'expansion.

Mais il y a plus, et nous arrivons enfin à la vraie et complète conception de la solidarité. En effet, le respect n'implique pas seulement l'abstention, mais encore et plus *l'action :* on a un culte pour ce que l'on estime et l'on cherche à en augmenter encore la valeur, on comprend d'ailleurs qu'on le doit. Et chaque personne concevant ainsi son devoir à l'égard des autres, il s'ensuit des procédés qui profitent au progrès de chacune et de toutes. Il importe dès lors à chaque personne que les autres soient respectées, puissent se développer librement et y soient aidées. Nous ne serons donc pas justes, nous n'aurons pas, suivant la formule antique, *rendu à nos semblables tout ce que nous leur devons*, pour nous être contentés de ne pas porter nous-mêmes quelque atteinte directe ou indirecte à leur personnalité; mais *il faudra que nous les aidions à défendre, à revendiquer leurs droits, autant et même plus que que s'il s'agissait des nôtres;* il faudra, en un mot, que nous prenions pour règle de nos relations sociales, privées et publiques, la belle maxime qui affirme si bien la solidarité des cantons suisses : « *Un pour tous, tous pour un.* »

Il est bien clair qu'ainsi comprise *la justice s'épanouit en charité, le respect en amour.* Mais ce n'est plus cette charité de pur sentiment, faite surtout de pitié et toujours un peu humiliante pour celui qui l'exerce et celui qui en profite : c'est l'amour qui s'élève et s'épure en élevant et en épurant ce à quoi il touche : c'est une justice échauffée par le cœur en même temps qu'éclairée par la Raison, et qui pousse les hommes de bonne volonté à faire, dans tous les cas, plus que leur devoir, par crainte de ne pas faire tout leur devoir.

Osera-t-on dire maintenant que cette conception des devoirs sociaux, ou plus exactement du devoir social, n'a rien de nouveau? et si on en considère à la fois les origines, les caractères et les effets, ne reconnaîtra-t-on pas qu'il convenait de lui donner une appellation nouvelle? Mais alors quel terme aurait été mieux indiqué que celui de *solidarité*, puisque résumant tous les devoirs envers nos semblables et les ramenant à leur commun fondement et à leur commune fin, le mot de solidarité montre comment, de plus en plus, les hommes doivent agir *les uns avec les autres, les uns par les autres, les uns pour les autres* et devenir de plus en plus *les membres d'un seul et même corps* ou plutôt *d'une seule et même Famille : l'Humanité.*

La solidarité, on le voit, n'est pas contraire à la charité, elle n'est même pas autre; elle est quelque chose à la fois de plus large et de plus profond, dont l'antiquité et le christianisme avaient bien le pressentiment, mais qui, chez les modernes seulement, s'est épanoui en une floraison splendide, promettant des fruits plus magnifiques encore, si nous savons et voulons bien nous en inspirer dans notre conduite.

Ainsi que nous le disions plus haut, le mot de *solidarité* achève admirablement la synthèse de la belle devise républicaine, *liberté, égalité, fraternité.* En effet, ce qui fait avant tout la valeur morale de l'homme, c'est la *volonté libre;* l'homme n'exerce sa Raison que parce qu'il veut comprendre et expliquer les choses; puis il met dans ses actes un ordre voulu, conformément aux indications de sa Raison et de sa conscience morale ; par là il s'affirme infiniment supérieur aux choses, aux animaux même les plus intelligents, il s'affirme *l'égal* des autres êtres dont la volonté peut bien contrarier la sienne, mais non pas l'asservir sans son propre consentement : *C'est donc la liberté qui fait l'égalité morale naturelle de tous les hommes*, l'égalité de leurs droits fondamentaux et plus encore de leurs devoirs réciproques. Mais il ne suffit pas que les hommes soient moralement libres et égaux : il leur faut aussi la puissance d'agir librement, de parvenir à *une égalité effective dans la possession et l'usage des moyens d'action que donne et développe l'ordre social*. Or comment pourrait-il en être ainsi sans la *fraternité* ? Chacun, borné à ses propres ressources, courrait grand risque de voir ses aspirations demeurer aussi stériles que vaines ; seuls quelques rares privilégiés pourraient prétendre à l'égalité entre eux dans une sphère inaccessible au plus grand nombre. Mais grâce à la fraternité, les forts donnent avec amour aux faibles le *concours* qu'ils leur doivent en toute justice, pour les rendre libres ; ceux qui sont parvenus à une supériorité quelconque, matérielle ou morale, y appellent les moins heureux et les aident à s'y élever à leur tour, et alors s'achève la *solidarité*.

Ainsi donc, avoir l'idée et le sentiment de la solidarité, ce n'est pas seulement comprendre que les hommes ont besoin les uns des autres et qu'ils ont intérêt à s'entr'aider; mais c'est surtout savoir et sentir qu'*un homme se doit à ses semblables* et que le fait d'avoir un avantage quelconque ou d'avoir conquis une supériorité, rend seulement plus urgent le devoir d'aimer les autres et de leur faire tout le bien possible. Comment d'ailleurs en pourrait-il être autrement, puisqu'encore une fois chaque individu ne vit, matériellement et moralement, qu'avec le concours de ceux qui l'entourent, de ceux qui ont vécu avant lui? Ne pas faire aux autres tout le bien qu'on peut, ce serait se rendre coupable de la plus flagrante ingratitude et par là-même de la plus criante injustice.

Mais comment pratiquer la solidarité?

Un poète latin nous l'avons déjà dit, a trouvé ce vers sublime, qui depuis a toujours compté parmi les plus riches joyaux de la pensée humaine :

Homo sum; humani nihil a me alienum puto.

« Je suis homme, et j'estime que rien de ce qui touche les hommes ne saurait m'être étranger. » On ne saurait mieux exprimer le devoir de nous intéresser à toute l'histoire, jusque dans ses plus humbles détails, mais surtout à ce qui se passe de notre temps. Et de fait, ne voyons-nous pas comment les événements, les moindres parfois, et à plus forte raison les plus importants, ont un retentissement profond dans l'univers, éveillant partout la sympathie pour ceux qui souffrent, la colère contre les criminels et les insensés qui font souffrir.

Mais sympathiser ne suffit pas, il faut agir, et dans la sphère privée, et dans l'ordre civique. Au nom de la solidarité il importe que ceux qui ont *les lumières* les répandent autour d'eux ; il faut que ceux qui ont *la puissance* la fassent servir à l'émancipation des faibles ; il faut que ceux qui ont *la richesse* consacrent une large part de leur superflu non pas à des aumônes stériles souvent même nuisibles, mais à des œuvres de mutualité où les pauvres pourront, sans se sentir humiliés, trouver les moyens d'échapper à la misère et de se relever matériellement sans s'abaisser moralement. Mais les faits ne montrent-ils pas que la solidarité est bien ainsi comprise et appliquée, et ne voyons-nous pas se multiplier les œuvres de toutes sortes qu'elle inspire et guide : universités populaires, syndicats, cercles d'études, sociétés de secours mutuels et tant d'autres?

Ici encore, il nous plaît de constater que l'éducation de la démocratie est en très bonne voie et permet de concevoir, pour l'avenir, les plus belles espérances.

CHAPITRE VI

L'ÉDUCATION DE LA DÉMOCRATIE ET LA QUESTION SOCIALE

Parmi les problèmes les plus importants et les plus délicats dont la démocratie ait à poursuivre la solution, il faut, de l'avis commun, placer en première ligne *la question sociale :* elle intéresse à la fois, en effet, les relations des individus entre eux dans chaque nation, et les rapports de peuples à peuples. Nul n'a le droit d'y rester indifférent : bien plus il faut que chacun, dans la mesure de ses moyens, s'applique à la bien comprendre et contribue à la résoudre par ses efforts personnels, dans la vie privée comme dans la vie publique. Et puisque l'éducation doit préparer l'enfant, l'adolescent à la vie, il faut que, dès l'école, on l'initie à cette grave question, qu'on lui dise en quoi elle consiste au juste et à l'aide de quels principes on peut espérer en venir à bout, théoriquement et surtout pratiquement. C'est pourquoi nous croyons devoir dire ici sommairement ce que nous en pensons.

Ramenée à ce qu'elle a d'essentiel, *la question sociale* peut, selon nous, se formuler comme suit :

Dans l'état actuel des mœurs et des institutions, *des individus en nombre beaucoup trop grand sont condamnés, de par les conditions de leur naissance, à une existence médiocre, souvent même misérable, matériellement et surtout moralement.* Astreints à un labeur excessif, pour s'assurer des ressources toujours précaires, ils n'ont, leur journée finie, ni assez de loisirs, ni assez de forces, ni assez de goût pour mener la vie vraiment humaine. Ils songent plutôt à des distractions grossières et parfois avilissantes, quand, recrus de fatigue, ils ne demandent pas à un lourd sommeil, avec l'oubli momentané de leur triste sort, la réparation de leurs forces épuisées.

Certes, les miséreux pourraient souvent s'en prendre à eux-mêmes d'une partie de leurs souffrances. S'ils étaient plus travailleurs, plus prévoyants, plus tempérants, plus économes, ils pourraient conjurer le sort, et les exemples ne sont pas rares d'hommes qui, placés originairement dans les conditions les plus défavorables, ont su, par la lutte, s'élever et s'affranchir. Mais encore faudrait-il savoir si les vices de la paresse et de l'intempérance ne tiennent pas aussi pour une grande part à l'état social général.

Quoi qu'il en soit, il faudrait, tout le monde en convient, que des remèdes fussent apportés à ces maux, et pour cela qu'on en connût d'abord bien les causes, très nombreuses et très complexes.

Pour maints auteurs la cause principale, pour ne pas dire unique, du mal social, se trouverait dans le *régime individualiste de la propriété*. C'est bien ce que disait J.-J. Rousseau dans son *Discours sur l'origine de l'inégalité* : « Le premier qui, ayant enclos un terrain, s'avisa de dire : ceci est à moi, et trouva des gens assez simples pour le croire, fut le vrai fondateur de la société civile. Que de crimes, de guerres, de meurtres, que de misères et d'horreurs n'eût point épargnés au genre humain celui qui, arrachant les pieux ou comblant le fossé, eût crié à ses semblables : gardez-vous d'écouter cet imposteur ; vous êtes perdus si vous oubliez que les fruits sont à tous et que la terre n'est à personne ! » (IIe Partie).

BIBLIOTHÈQUE NATIONALE R.F. IMPRIMÉS

Il semble donc bien que *le problème de la propriété* soit le nœud même de la question sociale.

Nul n'a jamais sérieusement contesté que l'homme ait naturellement le droit d'approprier à ses besoins les ressources que lui offre la nature, de s'assurer à l'avance les moyens de satisfaire ses besoins à venir et de revendiquer, soit individuellement, soit socialement, l'usage exclusif des objets matériels où, par son travail, il a incorporé quelque chose de son intelligence et de sa volonté, en un mot de sa personnalité, en même temps que de sa peine. — La maxime que « ce qui n'est à personne est à tous » est une *pétition de principe*, logiquement et pratiquement injustifiable. En vérité, *ce qui n'est à personne n'est à personne*, et l'on ne saurait dire que l'individu qui s'approprie ce que la nature lui offre, et qui n'est à personne, commette un vol. Au reste, si l'on appliquait à la rigueur ce prétendu principe, il s'ensuivrait la perpétuité de la misère générale en présence d'une nature indifférente, pour ne pas dire hostile, et dans tous les cas médiocrement et inégalement productive. Le besoin serait plus fort que le droit et entraînerait, entre les hommes, des luttes sans cesse renaissantes :

il semble bien qu'il en ait été ainsi aux premiers temps de l'espèce.

On s'est demandé cependant et l'on se demande encore : 1° *sur quoi se fonde au juste le droit de propriété ;* 2° *si la propriété doit être individuelle ou collective.*

I. — Pour légitimer la propriété à son origine, on a invoqué, tour à tour ou tout ensemble, la *première occupation*, le *besoin* et le *travail*. Chacun de ces titres, considéré isolément, semble insuffisant.

S'il suffisait d'*occuper* ce qui n'appartient à personne pour en devenir propriétaire, il pourrait arriver qu'un seul individu ou un seul groupe possédât légitimement, même sans les mettre en valeur, des ressources naturelles au delà de ses besoins, tandis que d'autres seraient totalement dépourvus et incapables d'appliquer leur puissance de travail, malgré toute leur bonne volonté, à moins de se mettre à la discrétion des premiers. Au reste, la prescription, généralement admise, montre que l'*occupation doit être effective* et se manifester *par la mise en œuvre.*

Si le *besoin naturel, nécessaire, urgent*, légitime la prise de possession de ce qui est indispensable à sa satisfaction, au moins dans ce qui n'appartient à personne, il faut bien reconnaître que la limite est impossible à établir entre les besoins *indispensables*, ceux qui sont simplement *utiles*, ceux enfin qui sont *superflus*. Réduire le droit d'appropriation aux ressources pour les besoins naturellement nécessaires, ce serait d'ailleurs condamner le genre humain à une vie mesquine, matériellement et moralement. Il faut des richesses artificiellement créées pour satisfaire les besoins intellectuels, esthétiques, moraux, qui vont croissant et s'affinant toujours. — Mais, d'autre part, donner à tous les besoins le droit de chercher leur satisfaction, c'est encore risquer d'aboutir à un accaparement des richesses et conséquemment à des luttes.

Il est incontestable que, *par son travail*, l'homme fait les choses siennes, au moins partiellement, en y mettant du sien; mais il n'est pas moins vrai qu'un autre homme ou un autre groupe aurait pu, aussi bien ou même mieux, mettre en valeur la matière première. — D'ailleurs il est fort rare qu'un individu ou un groupe travaille isolément : à mesure que l'humanité avance, on voit s'accroître l'interdépendance et la solidarité dans le travail, de sorte que, plus ou moins, *le travail de chacun est fonction du tra-*

vail de tous, et, dès lors, sur le produit du travail de chacun, tous peuvent revendiquer une part(1).

De tout cela on peut conclure que le droit de propriété a sa première origine dans le besoin, lequel amène la première occupation et conséquemment le travail, soit pour occuper, soit pour mettre en valeur les ressources naturelles. A mesure que, grâce au travail, augmente la richesse, et avec elle le bien-être et les loisirs, l'homme prend une plus claire conscience de sa valeur morale, des besoins, des devoirs et des droits qui s'y rapportent, et l'on en vient à conclure que *le droit de propriété a son fondement essentiel dans le droit et plus encore dans le devoir qu'ont les hommes, naturellement, de maintenir et de développer la vie vraiment humaine*, c'est-à-dire, la vie morale, et, implicitement, la vie physique, et conséquemment de se procurer les ressources indispensables ou même simplement utiles à cette fin.

II. — Dans l'histoire, la propriété semble avoir évolué de la forme *collective* à la forme *indivi-*

(1) On lira avec intérêt, sur ce point, ce que dit E. Fournière du caractère social de la propriété, dans son beau livre de l'*Idéalisme social*. (F. Alcan.)

dualiste. Même au début, on peut constater des traces de la tendance individualiste. Chacun prétendait garder pour lui la possession et l'usage exclusifs de ses armes, de ses vêtements, de ses bijoux, que d'ailleurs il avait toujours lui-même spécialement adaptés à sa commodité, à son goût personnel. D'autre part, dans les sociétés où l'individualisme est le plus avancé, il se manifeste des restes de l'ancienne propriété collective et parfois des tendances à y revenir. Les deux modes d'appropriation peuvent d'ailleurs se légitimer jusqu'à un certain point: l'un, *l'individualiste*, par l'amour-propre, au double sens de l'expression, amour de soi et sentiment de la dignité personnelle, le désir de la sécurité, du bien-être et de la dignité dans l'indépendance; l'autre, la propriété *collective*, par la solidarité des hommes, au point de vue matériel, et plus encore au point de vue moral du devoir et du droit, pour le bonheur par le travail et le progrès sous toutes les formes. Il s'agit donc seulement de savoir laquelle des deux formes de propriété, l'individuelle ou la collective, se justifie le mieux par ses principes et par ses conséquences de toutes sortes.

Il faut bien convenir que les progrès de l'individualisme ont amené des conséquences très regrettables, économiquement et moralement, en produisant et développant l'inégalité des richesses et l'exploitation croissante des non-possédants par les possédants. C'est pourquoi les *socialistes* prétendent qu'il faut remplacer le régime individualiste par la socialisation des richesses, ou tout au moins mettre socialement une limite à l'accroissement indéfini de la propriété individuelle, et, dans tous les cas, en empêcher, en réprimer les abus.

Le *socialisme* a pris dans l'histoire et présente actuellement encore des formes multiples, depuis le système du partage, jusqu'à la doctrine qui réclame seulement des pouvoirs publics une limitation légale de la propriété, une réglementation de l'organisation du travail et des rapports entre capitalistes et travailleurs, une organisation sociale de l'assistance à l'égard des invalides de toutes sortes; jusqu'à l'*anarchisme*, en passant par le *communisme* et le *collectivisme*.

Sans entrer dans une exposition et une critique détaillées de ces divers systèmes, il nous semble utile de dire un mot sur chacun.

Le *système du partage* périodique n'a plus guère de partisans. On se rend bien compte que c'est seulement un moyen dilatoire de remédier au mal, que l'égalité, un moment rétablie, disparaîtrait bientôt; enfin, que la perspective du partage à venir doit forcément ralentir l'activité productrice des individus et diminuer leur tendance à l'épargne : d'où, comme conséquence, l'appauvrissement général. — Dans les pays mêmes où ce système règne encore, on en reconnait de plus en plus les inconvénients et on tend à y renoncer.

Le *Communisme*, dont Babeuf, Owen, Cabet, demeurent les principaux représentants, impose à chaque individu de travailler pour tous les autres, dans la mesure de ses forces et selon ses aptitudes, la communauté devant attribuer à chacun de ses membres, valide ou non, sur la masse produite, une part qui lui permette de satisfaire ses besoins raisonnables dans la plus large mesure possible. — Dans ce système, supprimant toute propriété individuelle, on pense qu'on supprimerait la cause principale de toutes les misères matérielles et morales, et notamment de tous les crimes.

Le communisme suppose évidemment une *organisation sociale du travail et de la répartition des produits;* il implique, chez les individus une culture morale telle que chacun, en complet désintéressement et en parfaite bonne volonté, travaillerait pour tous au moins autant que pour lui-même, et renoncerait à toute revendication sur le produit de son travail personnel. — Or il est trop clair que, actuellement au moins, ces dispositions ne se rencontrent que chez de rares personnes et ont presque toujours leur raison d'être dans des idées et des sentiments en dehors de l'ordre économique. C'est pourquoi sans doute on a toujours vu échouer, et jusque dans ces derniers temps, les tentatives de réalisation de l'idéal communiste (Fourriéristes, Saint-Simoniens, Icariens, etc.).

Théoriquement d'ailleurs on a reproché au communisme de trop subordonner l'individu au groupe, de le soumettre, pour la satisfaction de ses besoins comme dans son travail, à une réglementation outrée.

Le *Collectivisme* peut se résumer dans cette formule: socialiser tous les moyens de production, c'est-à-dire les capitaux de toutes sortes, les mettre à la disposition des initiatives privées, isolées ou groupées, et laisser aux producteurs la libre disposition de la richesse produite, comme moyen de jouissance, mais en interdisant et empêchant la formation de capitaux privés. Les collectivistes pensent ainsi concilier les droits de l'individu et ceux de la Société, à laquelle incomberaient les mesures et les frais de l'administration générale, et surtout le soin des non-valides (enfants, malades, infirmes, vieillards), à l'aide des ressources prélevées sur le produit du travail des valides. — Il va de soi que l'organisation nationale du travail ne saurait aller sans une *entente internationale* pour établir mondialement le bilan des besoins et des ressources, et régler rationnellement la production, suivant les demandes d'une consommation normalement progressive. Le collectivisme semble être la doctrine à laquelle se rallient aujourd'hui la plupart des socialistes (1).

L'*anarchisme*, comme doctrine, est la conception d'un état social où les individus, nés et élevés dans les meilleures conditions matérielles et morales, seraient également sains de corps et d'esprit, et n'auraient besoin d'aucune loi, d'aucune autorité pour respecter les droits naturels les uns des autres, s'entr'aider dans la plus large

(1) V. à ce sujet le livre très intéressant d'un auteur américain, M. A. Bellamy : *Cent ans après ou l'an 2000*. — Trad. en français par M. Reinach.

mesure et observer les conventions qu'ils auraient librement consenties : ils formeraient des groupes où ils travailleraient chacun pour tous et tous pour chacun, suivant leurs aptitudes librement orientées et leurs facultés et leurs forces librement employées, les valides mettant au tas tous les produits de leur travail, et tous, valides ou non, puisant au tas suivant leurs besoins de toutes sortes. C'était l'idée maîtresse de C. Fourrier dans sa cónception du *Phalanstère* et il semble bien que ce soit aussi la théorie favorite du comte Léon Tolstoï.

Quant aux moyens de réalisation de leur idéal, communistes, collectivistes et anarchistes se distinguent en *révolutionnaires* et *évolutionnaires*. Les premiers, considérant la société actuelle comme trop gangrenée pour qu'on puisse espérer la réformer, veulent tout renverser d'un seul coup pour tout reconstruire d'après leurs principes, dût-on recourir aux formes les plus extrêmes de la violence, pour briser les résistances des individus ou des classes intéressés au maintien des abus. Ainsi pensent Babeuf, J. Guesde, Kropotkine. Les autres estiment qu'avant de refaire la société, il importe de réformer progressivement les individus, gâtés par l'influence héréditaire de longs siècles de mauvaise organisation sociale; et surtout qu'il faut faire passer les principes dans des lois qui organisent mieux le travail, assurent la bonne éducation de l'enfance et de la jeunesse et donnent aux non-valides l'assistance à laquelle ils ont droit. C'est l'opinion de Ch. Fourrier, Saint-Simon, Jean Jaurès, E. Fournière, Tolstoï.

Il faut bien reconnaître que les socialistes des diverses écoles triomphent aisément, lorsqu'ils font ressortir les maux de toute espèce auxquels donnent lieu les abus de la propriété individuelle, en raison de l'incapacité ou de la mauvaise volonté de ceux qui la détiennent. D'autre part, il est incontestable que la vie sociale qu'ils rêvent paraît, à première vue, assez séduisante. Enfin, il convient de rendre hommage à la bonne foi de la plupart des théoriciens. — Cependant on leur adresse deux graves reproches : 1° ils chargent à l'excès la peinture des maux actuels, le réquisitoire contre les vices de l'organisation sociale, et ils ne disent rien, ou à peu près, sur ce qu'il peut y avoir de bon; — 2° ils sont en général imprécis sur les moyeus de réalisation de leur idéal, et surtout sur l'organisation de la Cité future, sur les moyens de régler les relations, même économiques, des individus entre eux et avec les collectivités pour la répartition des tâches, des collectivités entre elles, pour la régularisation de la production et les échanges. Par là-même ils ne dissipent pas, bien au contraire, l'appréhension de *l'assujettissement plus ou moins complet de l'individu à la collectivité.*

Quoi qu'il en soit, les évolutionnaires paraissent avoir raison contre les révolutionnaires : l'état social actuel étant la résultante d'une longue suite de siècles et les hommes actuels y ayant été façonnés par une longue hérédité physiologique et psychique, il serait évidemment impossible de trouver immédiatement, dans les choses les conditions, chez les individus les idées, les sentiments, les dispositions indispensables à la réalisation de tel ou tel idéal social ; c'est d'ailleurs surtout ce qui explique l'insuccès de nombreuses tentatives pacifiques. A plus forte raison la violence échouerait-elle, en préparant des revanches désastreuses pour les progrès futurs. Si donc l'idéal socialiste doit jamais se réaliser, sous telle ou telle de ses formes, ce ne peut être que dans un avenir vraisemblablement fort éloigné encore et par une lente évolution, plutôt pacifique que violente.

En attendant il convient de s'accommoder de

ce que l'on a, en le réformant de son mieux pour l'approcher de l'idéal.

Au reste est-il bien démontré que la conservation du régime individualiste, en matière de propriété, soit incompatible avec la réformation de la société, avec la diminution sinon même la disparition des maux actuels? Et ceux-là même ont-ils tort, qui pensent que la suppression de la propriété individuelle serait plutôt préjudiciable au progrès matériel et moral, à la fois de l'ensemble des hommes et du plus grand nombre des individus?

Les maux actuels, en effet, tiennent beaucoup moins au régime de la propriété qu'aux *abus* qu'on en fait, surtout sous l'influence d'un égoïsme aussi étroit et maladroit que moralement condamnable. — Si les individus, tout en s'aimant eux-mêmes et en cherchant leur bien, leur bonheur propre, comprenaient la solidarité de leur intérêt bien entendu avec celui des autres hommes, de leur bonheur avec le bonheur d'autrui ; si, joignant à des habitudes de tempérance et au juste sentiment de leur dignité personnelle, la connaissance et la pratique de leurs devoirs envers les autres, ils se conformaient aux principes et aux règles de la justice et de la charité ;

si, *considérant la propriété comme objet de devoir personnel et social plus encore que de droit*, ils comprenaient l'obligation de la mettre en valeur, en faisant travailler les autres, et surtout en travaillant eux-mêmes; si les employeurs observaient à l'égard des travailleurs la justice la plus scrupuleuse, les intéressant à l'accroissement de leurs profits; si enfin les riches consacraient une large part de leur superflu aux œuvres d'assistance sociale et de mutualité; n'est-il pas certain que le régime individualiste guérirait lui-même la plus grande partie des maux qu'on lui attribue, et qu'il en résulterait un accroissement indéfini de la richesse, pour l'espèce comme pour les individus et par là-même, un accroissement de ressources et de loisirs, pour la vie vraiment humaine du plus grand nombre?

De là il résulte qu'en attendant la réalisation, problématique, et en tout cas fort éloignée, de la Cité future, chaque individu a le devoir de travailler à se réformer lui-même moralement et d'user de son autorité ou de son influence pour rendre aussi ses semblables plus moraux, plus justes, plus pénétrés du sentiment de la solidarité, plus disposés à bien remplir personnellement et socialement les devoirs qu'impose la propriété.

Il est évident qu'il faut aussi travailler à la *réforme des lois*, surtout en ce qui concerne les rapports du capital et du travail, l'éducation de la jeunesse, l'assistance publique, l'administration de la justice soit civile, soit pénale. Pour y parvenir, les individus ont le devoir d'exercer en conscience les fonctions civiques, soit comme simples citoyens, soit comme dépositaires, à quelque titre que ce soit, d'une part de l'autorité publique ; implicitement ils ont le devoir de s'éclairer par l'étude des questions sociales, la réflexion personnelle et l'expérience aidant.

Mais la loi ne peut suffire ; il serait même regrettable que l'on s'en remît uniquement ou principalement à l'État du soin de réformer et de diriger la société ; le vrai rôle de l'État est plutôt de stimuler et de soutenir l'initiative privée, sans s'y subtituer et surtout sans l'entraver. Or cette initiative pourra et devra se manifester, non seulement par des actions isolées, mais encore et surtout par l'association des efforts en œuvres de coopération, de mutualité, où le sentiment de la solidarité se développera et pourra donner des résultats plus efficaces.

Voilà ce que nous voudrions voir enseigner à tous les futurs citoyens, en insistant sur ce point qui nous parait capital : *la propriété est avant tout et surtout objet de devoir et secondairement objet de droit.*

C'est *l'utilité* qui, originairement, fonde le fait de la propriété et l'utilité sociale bien plus encore que l'utilité individuelle; c'est le concours au moins indirect de tous qui, grâce à l'organisation sociale, rend possible le maintien et le développement de la propriété, soit collective, soit individuelle. C'est *l'intérêt social* qui a déterminé le triomphe de la forme individuelle sur la forme collective, et quel que soit le rôle de l'activité de chaque individu dans l'acquisition, la conservation et la mise en valeur de ce qu'il possède, *la Société*, et par conséquent *l'État* qui la représente, ne conserve pas moins *une part de copropriété* et dès lors un *droit de surveillance et de contrôle*, en même temps qu'un *devoir de garantie.* — Ce droit, elle l'exerce actuellement, comme toujours d'ailleurs, par des revendications multiples, sous les formes ordinaires de l'impôt et des taxations diverses en matière de transaction, de donation, de transmission héréditaire ou testamentaire des biens, sous les formes extraordinaires de l'expropriation pour cause d'utilité publique, des réquisitions, de la prescription, de la limitation de l'hérédité naturelle.

Mais au point de vue moral, on peut et l'on doit aller plus loin encore, et il nous semble légitime de poser les principes suivants, par lesquels nous conclurons ce chapitre.

1° Chaque individu a *le devoir personnel et social de travailler et d'épargner* pour parvenir, autant que possible, à la propriété, et s'assurer ainsi, avec la satisfaction de ses besoins, l'indépendance et la dignité de sa vie, mais aussi pour concourir à l'accroissement de la prospérité commune.

2° Tout possesseur d'une richesse quelconque doit se considérer comme *responsable envers la Société d'un dépôt par elle à lui confié*, et il a l'obligation stricte de *mettre ce dépôt en valeur*, afin que, travaillant lui-même, il fournisse le plus largement possible aux non-possédants occasion et matière à employer leurs forces, à déployer leurs aptitudes pour l'utilité sociale comme pour leur utilité propre.

3° *Nul* donc, si riche soit-il, *n'a le droit de rester oisif*, sous peine de commettre une véritable *injustice*, un véritable *vol* envers la Société, puisqu'il profiterait de tous les avantages qu'elle lui garantit, sans lui rendre en retour aucun service.

Sans doute, il serait excessif que ces principes fissent l'objet de prescriptions légales et fussent sanctionnés par des peines. Mais on ne saurait contester que seule l'acceptation de ces idées et leur application en bonne volonté, puisse rendre efficaces les diverses lois par lesquelles la démocratie pourra s'efforcer de résoudre la question sociale.

CHAPITRE VII

PATRIE ET HUMANITÉ

L'idée de Patrie et surtout le sentiment du Patriotisme ont été et sont encore, nous l'avons vu, les objets de critiques fort vives, voire même d'attaques violentes de la part de certains individus. A les en croire, il y aurait une impossibilité, à la fois logique et réelle, à concilier l'amour de la Patrie et l'amour de l'Humanité. Cette thèse, visiblement excessive et par là-même fausse, est dangereuse en ce que ses partisans invoquent, pour la soutenir, des arguments spécieux, dans leur abstraite rigueur, et qui peuvent séduire des esprits simples et dès lors exposés à se laisser duper par le raisonnement pur, en même temps qu'entraîner par des sentiments d'ailleurs élevés. De fait, nous avons vu, pendant quelque temps, *l'antipatriotisme* faire des progrès dans les masses populaires et donner lieu à de vives inquiétudes. Peut-être s'est-on exagéré le danger; mais il aurait été insensé de le méconnaitre. Pour en prévenir le retour, il importe que les citoyens plus éclairés, dominant une indignation certes généreuse, prennent corps à corps la thèse de l'antipatriotisme et ses arguments, afin d'en faire ressortir aux yeux de tous le peu de solidité. Ce devoir incombe surtout aux éducateurs de la jeunesse.

Il faut bien convenir que les anti patriotes ont pour eux une apparence de raison lorsqu'ils mettent en lumière les excès auxquels peut entraîner une certaine façon de concevoir la Patrie et le Patriotisme. — Quelques individus, en effet, ont pour leur patrie un culte idolâtre, un amour fanatique; ils s'imaginent qu'on ne saurait vraiment aimer son pays sans mépriser les autres; ils sont toujours hantés par les souvenirs des luttes antérieures de peuple à peuple, par l'orgueil des victoires, la honte et la rancune des revers; ils n'aspirent qu'à maintenir ou à replacer leur nation au premier rang, grâce surtout à la force des armes. Aussi ont-ils, en tant que patriotes, une susceptibilité exagérée, toujours prêts à revendiquer des droits parfois chimériques, à venger des injures souvent illusoires, et dans tous les cas à compliquer, par l'intrusion maladroite de leurs sentiments excessifs, des difficultés qu'avec un peu de bon sens et de calme on peut presque toujours aplanir. Il est trop clair qu'un semblable état d'esprit, s'il était général, entretiendrait et développerait entre les peuples une hostilité constante, amènerait des conflits toujours nouveaux, des luttes sans cesse renaissantes.

Eh! bien, n'hésitons pas à le dire, si la Patrie ne devait être comprise, si le patriotisme ne devait être pratiqué que de cette façon, alors, au nom de l'Humanité, il faudrait les combattre. Heureusement, nous en avons la conviction profonde, il n'est nullement nécessaire de concevoir la Patrie et de l'aimer comme ces exaltés, ces gens qui l'adorent jusqu'à l'idolâtrie. Et pas plus que l'amitié particulière pour certains individus n'exige la haine des autres, pas plus que l'amour de sa famille n'est exclusif de la bienveillance pour les autres familles, pas davantage l'amour de la Patrie n'exclut la sympathie pour les autres Nations, et surtout l'amour de l'Humanité. Bien au contraire; de même que c'est dans et par la famille que s'apprennent, pratiquement surtout, la justice et la charité; de même que ceux qui aiment bien leurs amis développent en eux-mêmes la puissance de sympathie active à l'égard des autres hommes; de même il est permis de dire que c'est seulement en aimant sa Patrie et en s'appliquant à la bien servir, qu'on peut apprendre à aimer, à servir l'Humanité.

Mais qu'est-ce donc que la Patrie?

Bien des fois on a essayé de la définir; on a dit que c'est *le pays où l'on est né, où l'on a été élevé*. On a prétendu que ce qui fait la Patrie c'est la *communauté de race*, de *langue*, de *sentiments*, d'*idées*, de *mœurs*, d'*intérêts même*. — Toutes ces définitions sont inexactes, surtout parce qu'incomplètes ou superficielles; quelques-unes même sont fausses. Nous n'en voulons pour preuve que l'exemple de la toute petite Suisse, où l'on peut constater, dans les vingt-deux cantons, les vingt-quatre États, de notables différences de races, de langues et d'institutions; et cependant est-il un pays où le patriotisme soit à la fois plus ardent et plus éclairé, conformément à la belle devise de la nation helvétique: *un pour tous, tous pour un*?

Pour arriver à une conception exacte de la Patrie, il faut avant tout considérer les faits et voir comment se forme une Patrie.

On doit, dans la Patrie, distinguer *le corps* et *l'âme*.

Le *corps* c'est, comme le mot l'indique, la terre des ancêtres, *patria terra*, *Vaterland*; c'est la région où des individus, des familles, des races diverses même sont rassemblés, et sont amenés, bon gré malgré, à vivre en une certaine solidarité. Cette région est presque toujours nettement déterminée, géographiquement, par le relief du sol, le régime des eaux. Aussi les individus et les groupes qui l'habitent entrent-ils en relations toujours plus fréquentes, plus nombreuses et plus intimes les uns avec les autres, d'abord au point de vue matériel puis, de plus en plus, au point de vue moral, et il se produit ainsi une mutuelle action du pays sur les habitants et des habitants sur le pays.

Les habitants approprient le pays à leurs besoins de toutes sortes; ils le défrichent, ils y construisent des villages, des villes, ils y percent des routes, ils y creusent des canaux : peu à peu ils le transforment, en y incorporant les effets de leur activité physique, intellectuelle et morale. Les générations successives accumulent, dans la région ainsi transformée, leurs œuvres de toutes sortes, les monuments de leur industrie et aussi leurs créations d'Art, qui couronnent en beauté ce que l'agriculture, l'industrie, le commerce ont commencé en utilité.

Ainsi se perpétuent sans interruption les souvenirs du passé, que chaque génération apprend à la suivante à aimer et à respecter. Enfin tour à tour les générations viennent se coucher, pour y dormir leur dernier sommeil, dans ce sol qu'elles ont concouru à féconder, à embellir, et par là elles achèvent de le rendre sacré pour les générations à venir.

Tel est le corps de la Patrie. Mais ce qui est le plus important, c'est *l'âme de la Patrie*. Que faut-il entendre par là? nous allons, pour le faire comprendre, montrer comment le pays réagit sur ceux qui l'habitent, en transformant leur tempérament et leur caractère.

Et d'abord le pays influe sur le tempérament; il faut que les nouveaux venus, pour y demeurer, s'y acclimatent, c'est-à-dire que leur organisme s'y fasse. Cette acclimatation est assurément fort longue; elle se poursuit à travers les générations successives, évidemment par le moyen de *l'hérédité*. Ainsi peu à peu se constitue *un tempérament* en harmonie avec les influences géographiques, climatériques, dont il est en grande partie une résultante. Cela explique que des éléments ethniques d'origine parfois très diverse, juxtaposés dans une même région, tendent de plus en plus à manifester le même tempérament, le *même caractère*, au moins dans leurs formes essentielles. — Ce n'est certes pas la nature qui a directement créé des Français, des Russes, des Anglais. C'est le pays qui a produit ces distinctions, cependant très marquées. A cela qu'on ajoute toutes les conditions matérielles et morales de la vie sociale, et l'on comprendra bientôt comment, entre des éléments d'origine différente, peu à peu, par le frottement et souvent au début par l'antagonisme et la lutte, puis par un concours toujours plus marqué, il se produit une atténuation des différences, il se crée des habitudes d'agir, de penser, de sentir, qui tendent toujours davantage à uniformiser les caractères et les tempéraments sans que cependant cette analogie croissante aille jusqu'à supprimer les diversités de détails : Normands et Provençaux, Bourguignons et Bretons sont nettement distincts et pourtant ils ont tous une physionomie, une allure, une façon de parler et d'agir par quoi ils s'affirment et se reconnaissent aisément compatriotes. — On en pourrait dire autant pour les originaires des différentes provinces, dans toutes les autres nations.

Le progrès économique aboutit forcément à une *organisation civique et politique*, grâce à laquelle la solidarisation, l'uniformisation des individus et des groupes va s'accentuant continuellement, et c'est là une raison pour laquelle le caractère et implicitement le tempérament acquièrent de plus en plus des traits communs.

Aussi peut-on dire qu'après un temps plus ou moins long (il a fallu, en France, près de six siècles, pour opérer la fusion des éléments gallo-romains et barbares), après un temps plus ou moins long, disons-nous, les individus naissent avec un tempérament et dès lors un caractère qui les prédisposent à vivre dans le pays de leurs pères, avec ceux qui sont nés dans les mêmes conditions, plutôt que dans n'importe quel autre pays, avec d'autres individus différemment disposés.

Sans doute, un enfant peut être, dès sa naissance, arraché au pays de ses pères, et, élevé dans une ignorance complète de son origine. C'est un cas exceptionnel, mais qui s'est présenté. Il est bien certain que cet enfant s'adaptera à une autre patrie, par le fait de son éducation. Mais il n'en conservera pas moins une aptitude à sympathiser avec ses compatriotes naturels et, le cas échéant, cette aptitude se manifestera.

Les faits d'ailleurs viennent à l'appui de cette assertion. Les descendants des Français qui se réfugièrent en Angleterre, en Hollande, en Allemagne, lors de la révocation de l'édit de Nantes, ont, malgré le temps et de nombreux croisements, conservé les traits distinctifs du tempérament et du caractère de leurs ancêtres, et s'ils n'ont pas le cœur français, ils ont du moins toujours l'esprit français.

Il en est de même, et plus encore, des Canadiens français, qui, eux, n'ont pas contre l'antique patrie les motifs de rancune des fils des victimes de Louis XIV. Certes les Canadiens sont de loyaux citoyens de l'empire britannique, et ils ne voudraient à aucun prix renoncer à leur autonomie dans cet empire et redevenir légalement Français. Mais comme ils sympathisent avec nous à tous les points de vue ! et combien souvent ils nous montrent comment nous devrions aimer la France!

Il est heureusement très rare qu'un individu soit arraché à sa Patrie dès sa naissance, et tenu dans l'ignorance de son origine. Mais il arrive plus fréquemment qu'un enfant naisse et soit élevé hors du pays de ses pères, et cela, pour le dire en passant, montre combien il est inexact de définir la Patrie : le pays où l'on est né, où l'on a été élevé. Cette définition ne peut s'appliquer qu'à la *petite patrie*, c'est-à-dire à la région très restreinte où l'on a reçu la première éducation. On a contracté là une masse d'habitudes d'ordre psychologique et physiologique qui attachent pour toujours, moralement au moins, à ce coin de terre et aux gens qui l'habitent. Et c'est pourquoi on aime toujours à y revenir, ou tout au moins on se plait à y penser, on cherche ceux qui en font également partie, pour en parler avec eux. De là, dans chaque ville, ces associations d'originaires d'une même province, que l'on voit se multiplier tous les jours davantage.

Ainsi donc, la première éducation lie tout d'abord l'individu à sa petite Patrie, à son clocher, à sa caste, à sa race.

C'est ce qui explique qu'à l'origine le patriotisme ait été compris et appliqué de façon étroite, qu'il se soit confondu avec l'amour exclusif de la Cité. Il a fallu de longs siècles pour que s'ébauchât, se développât et s'affermît la solidarité des cités, puis des provinces, et, au travers des unes des autres, la solidarité des classes sociales, pour que l'amour du clocher évoluât en patriotisme. C'est dans les crises générales que cette solidarité put apparaître et prendre conscience d'elle-même, produire ses fruits. Citons seulement, en France, les efforts faits pour résister aux Anglais pendant la guerre de Cent ans, et cette explosion du sentiment patriotique personnifié en Jeanne d'Arc; l'élan qui fit répondre le peuple à l'appel de Louis XIV à bout de ressources et qui amena les journées de Denain et de Malplaquet : enfin et surtout le sursaut de colère qui, à Valmy, à Jemmapes unit l'immense majorité des Français, dans une commune indignation contre l'insolence de l'étranger, dans un commun désir de chasser l'envahisseur hors du sol sacré de la Patrie.

De Jeanne d'Arc à la Révolution, le patriotisme, il est vrai, subit bien des éclipses et, au moment même de la Révolution, on vit des privilégiés faire appel aux étrangers pour marcher avec eux contre la Mère-Patrie. Mais depuis il semble bien que l'évolution du Patriotisme se soit achevée, et que désormais l'amour et le culte de la Petite Patrie soient inséparables de l'amour et du culte de la Grande Patrie.

On le voit bien clairement dans les relations que nouent les Français résidant à l'étranger dans une même ville. Chacun, dans son *home*, s'applique pieusement à recréer le milieu natal, matériellement et moralement, suivant les usages de la petite et de la grande Patrie. Mais, surtout, les compatriotes aiment à se retrouver, à se grouper pour vivre la vie française. C'est que l'absence fait mieux sentir le besoin de la Patrie et sa valeur : et c'est même la raison pour laquelle, souvent, les Français nés et élevés hors du pays, ont le sentiment du patriotisme à un plus vif degré que s'ils n'en avaient jamais été éloignés. Et que vienne à sonner pour la France l'heure du danger, on verra ses enfants établis à l'étranger sacrifier leurs intérêts, s'arracher à la tendresse de leurs proches, et venir des régions les plus lointaines se ranger autour du Drapeau.

Or, tout ce que nous venons de dire au sujet de la France et des Français, nous pourrions le redire des autres nations en le confirmant par des exemples empruntés au passé et au présent. Ne sont-ce pas les guerres de la Révolution et de l'Empire qui ont réveillé le patriotisme allemand, avec cette ardeur dont tout le XIXe siècle a vu les prodigieux effets ?

Ils se trompent donc grossièrement, ceux-là qui disent : *La Patrie, c'est là où l'on est bien.* Est-ce que, fût-on le prolétaire le plus dépourvu des avantages matériels de la vie on pourrait être vraiment bien hors de sa Patrie? Est-ce que ce n'est pas surtout les déshérités de ce monde, qui ont besoin de cette atmosphère morale, où seulement ils pourront respirer à l'aise?

Qu'on relise, pour s'en convaincre, s'il en était besoin, le beau chapitre du *Livre du Peuple* où Lamennais peint de façon si poignante les tristesses de l'exil, et termine chaque paragraphe par ce mélancolique refrain : *l'exilé partout est seul!*

Ceci nous amène enfin à dire ce qu'est la grande Patrie ou simplement la Patrie.

C'est *l'ensemble des hommes qui, participant, par naissance d'abord puis par éducation, au même tempérament et au même caractère, ayant même ensemble d'idées, de sentiments, pratiquant les mêmes mœurs, vivant sous les mêmes lois, les mêmes institutions, ont la ferme volonté de rester unis dans l'intégrité du sol et des institutions, des mœurs, des idées, des sentiments, dans le même culte d'un passé cher à la fois par les gloires qui l'ont illustré et par les souffrances que les ancêtres ont supportées en commun. — Ce sentiment unit les contemporains aux générations passées et aux futures. Et c'est là ce que nous appelons l'âme de la Patrie.* Elle n'est certes pas distincte des âmes particulières et n'apparait qu'en elles : mais elle ne se manifeste pas toujours. Trop souvent des rivalités, des luttes mettent aux prises les individus ou les groupes, les villes ou les provinces. Mais que le patrimoine commun, moral et matériel, soit en jeu, vous verrez les rivaux, les ennemis oublier leurs disputes, se réconcilier, sentir et comprendre leur solidarité, et si la Patrie est en danger, s'il faut lui offrir son sang et sa vie, vous entendrez jaillir de toutes les poitrines l'hymne national, capable de transformer des individus faibles et malingres, des femmes et jusqu'à des enfants, en autant de héros.

Mais, dira-t-on, le patriotisme, arrivé à ce point de son évolution, n'est qu'une des phases par où les hommes doivent passer, pour parvenir, par la suppression des divergences de nation à nation, à l'amour, au culte de l'Humanité. — N'y a-t-il pas lieu, en effet, d'augurer que, de même qu'avec le temps se sont atténués les oppositions, les antagonismes de ville à ville, de province à province, de même disparaîtront un jour les différences de peuple à peuple? Déjà on commence à comprendre que les nations ne doivent plus avoir les unes pour les autres ni haine, ni mépris, qu'elles se doivent les unes aux autres justice et bienveillance. Mais ne peut-on pas espérer plus encore et travailler à amener, sur toute la surface du globe, un état de choses tel, que les hommes, s'aimant tous et se traitant tous comme des frères, on verrait disparaître ces barrières artificielles, les frontières? N'est-il pas à craindre que, tant qu'elles subsisteront, ces barrières, il n'en résulte, l'amour-propre et l'intérêt mal entendu aidant, des conflits pouvant mettre les peuples aux prises en des luttes armées?

Ainsi parlent les *antipatriotes, amis de l'Humanité*. Nous ne contesterons pas la sincérité et la générosité de leurs sentiments. Mais nous dirons qu'à notre avis leur idéal est *une chimère*, et que, fût-il réalisable, il en résulterait *un véritable dommage pour l'Humanité*.

Tout d'abord dissipons une illusion. Il est faux qu'à la longue les différences de ville à ville, de province à province se soient atténuées au point de s'effacer. Nous avons assez marqué combien est vivace l'amour de la petite Patrie, et comme il se manifeste, de nos jours plus que jamais, par les associations amicales de toutes sortes, par les tentatives de décentralisation. Fera-t-on aux Français qui entrent dans ces associations, qui font ces tentatives, le reproche de vouloir morceler la France et la ramener à six ou sept siècles en arrière? Ce serait une injustice doublée d'une absurdité. Bien au contraire, ils pensent que l'amour de la petite Patrie mieux compris et pratiqué, rendra plus fort en même temps que plus éclairé l'amour de la grande Patrie dans l'unité nationale, et ils estiment que, chacun travaillant, suivant l'originalité propre de sa province natale, à lui donner plus de prospérité et plus d'éclat, la France tout entière bénéficiera matériellement et moralement de cette noble émulation.

Pourquoi n'en serait-il pas de même des Nations à l'égard de l'Humanité?

Comment d'ailleurs sérieusement soutenir cette thèse qu'un jour les Nations pourront cesser d'exister?

Il est un principe naturel, que les mêmes causes générales continuent d'exister et d'agir dans les mêmes conditions d'ensemble, et dès lors à produire des effets analogues. Leibniz a eu raison de dire que le présent, étant plein du passé, est par là-même gros de l'avenir. Si donc, dans le passé, les causes géographiques, puis économiques, jointes aux influences de l'ordre physiologique et psychologique, ont amené une différenciation des hommes en nations diverses, il faut bien conclure que, même en supposant les nations actuelles complètement disparues, d'autres nations se reformeraient au sein de l'Humanité.

L'Histoire, d'ailleurs, confirme ces vues théoriques. Maintes fois on a vu des conquérants passer à travers les peuples et soumettre à leur domination des territoires immenses, prétendant imposer aux vaincus les mêmes lois, le même gouvernement. Or, après un temps plus ou moins long, les empires ont disparu et, lorsque les nations anciennes ne se sont pas reformées, des nationalités nouvelles se sont constituées.

Sans doute, avec les conquêtes de la science et ses applications, les relations des peuples iront se multipliant toujours, la masse de leurs idées, de leurs sentiments communs ira croissant : il se réalisera dans leurs mœurs, dans leurs œuvres des analogies de plus en plus nombreuses. Et nous avons à cet égard sous les yeux un exemple frappant : ce sont les progrès que font les Japonais et les Chinois dans leur assimilation relative avec les peuples occidentaux. Mais les faits même permettent de douter, et je dirai plus, les principes obligent à nier que jamais les peuples arrivent à une entière ressemblance, de façon que partout ils puissent avoir exactement même tempérament, même caractère, et dès lors mêmes mœurs, qu'on puisse leur donner les mêmes institutions et les mêmes lois.

Loin d'être triste, cette conclusion est plutôt réjouissante. La diversité est assurément une source de progrès dans l'évolution, pourvu qu'elle ne donne pas lieu à des luttes nuisibles à tous.

Or, grâce à leurs rapports toujours plus nombreux et faciles, il est à croire que les peuples, se connaissant mieux, s'estimeront et s'aimeront davantage, qu'ils comprendront leur solidarité et pratiqueront entre eux les devoirs de la justice et de la bienveillance, et que, chacun luttant d'émulation avec les autres pour se développer, il en résultera un progrès général toujours plus accentué.

On ne saurait nier que des progrès notables aient déjà été accomplis dans cette voie, et que l'*internationalisme*, au sens exact du terme, s'accentue de jour en jour : la Cour de La Haye et les traités d'arbitrage, qui vont se multipliant, les congrès, les expositions, les conventions de toutes sortes, pour la défense commune contre le crime ou les épidémies, ou pour la protection du commerce, de l'industrie, des arts, voilà tout autant d'indices bien propres à justifier les espérances de ceux qui prêchent la paix universelle.

CHAPITRE VIII

LES DEVOIRS CIVIQUES. — LE SERVICE MILITAIRE L'ARMÉE ET LA DÉMOCRATIE

Ayant, à ce qu'il nous semble du moins, établi la valeur de l'idée de Patrie et de l'amour de la Patrie, il nous sera maintenant facile de montrer en quoi doit consister l'*éducation du patriotisme dans une démocratie*.

Et d'abord redisons bien que le devoir n'est pas d'aimer sa Patrie ; on l'aime naturellement, par prédisposition innée d'abord, puis par éducation, comme on aime ses parents. Mais il faut *la bien aimer* et là est le point délicat.

Ce serait presque l'occasion de rappeler la célèbre théorie d'Aristote sur la vertu juste-milieu entre deux extrêmes. — Nous avons dit déjà combien est injuste et maladroit cet orgueil du patriotisme, le chauvinisme. Mais sans aller jusqu'à l'antipatriotisme, nombreux sont les gens dont l'amour pour leur patrie reste purement platonique, lorsqu'il n'est pas plus ou moins profondément endormi. Sans doute, à l'heure du péril, l'âme de la Nation se réveillera en eux et vibrera; mais d'ordinaire ils ne penseront que très vaguement au Pays... quand ils y penseront.

Or, le *vrai patriotisme* doit, comme toutes les vertus pratiques, être *une habitude constante*, qui, consciemment ou non, pénètre toute la conduite morale, de telle sorte que, de tous les actes individuels, il résulte un bien pour le pays. La prospérité matérielle et morale d'un peuple sera d'autant plus grande que ses agriculteurs, ses industriels, ses commerçants, ses ouvriers, ses artistes, ses savants seront plus pénétrés de l'esprit patriotique, même dans l'accomplissement de leurs devoirs domestiques et professionnels.

Mais il est des devoirs civiques proprement dits, que l'on peut aisément ramener à trois : le respect de la loi, l'exercice du droit de vote et le service militaire.

Le *respect de la loi* ne consiste pas, comme on l'a dit parfois, dans une obéissance aveugle aux lois; car, si bien intentionnés qu'il faille supposer les législateurs, et qu'ils soient le plus souvent en effet, ils sont hommes et dès lors sujets à erreur. D'autre part, telle loi qui était excellente à un moment et dans un ensemble de circonstances données, peut être devenue inutile, nuisible, injuste même, l'état social ayant changé, et il importe qu'elle soit modifiée ou même abrogée. On ne saurait donc exiger d'un citoyen éclairé qu'il fasse ce qu'une loi commande ou s'abstienne de ce qu'elle défend, lorsque sa Raison, et par là-même sa Conscience, lui prescrit le contraire. Mais tant qu'une loi subsiste il faut s'y soumettre, au moins indirectement, *en acceptant le châtiment* prévu pour les cas de désobéissance. Ainsi faisait Socrate lorsque, ayant refusé de modifier, pour plaire aux Athéniens, la conduite que lui dictait sa conscience, il refusait aussi de se soustraire à la peine de mort prononcée par les juges, et, avec un calme héroïque, buvait la ciguë, afin de ne point avoir à se reprocher d'avoir violé les lois : Il est trop évident, en effet, que si chacun en usait à sa guise avec les prescriptions légales, ce serait comme s'il n'y avait plus de lois, partant plus d'ordre social. D'ailleurs, quelle autorité une conduite comme celle de Socrate ne donne-t-elle pas aux critiques sur telle ou telle loi ! quelle puissance pour en amener la réforme ou l'abolition !

Chaque citoyen conserve en effet le droit et

même a le rigoureux devoir de dire, après mûre réflexion, ce qu'il pense des lois existantes, de faire tout son possible pour les améliorer, par le bulletin de vote, pour amener ses concitoyens à partager sa manière de voir et à voter comme lui, sans, bien entendu, porter atteinte à leur liberté. En tout cas, il ne doit *jamais s'abstenir de voter;* en effet, par son abstention, il engagerait sa responsabilité dans la continuation d'un état de choses qu'il croirait néfaste, ou dans le choix de mandataires du peuple qu'il jugerait indignes ou incapables de remplir la mission à laquelle ils aspirent. Ce sont là des principes et des règles qu'il est aisé de faire comprendre et accepter aux adolescents, aux jeunes gens, aux futurs citoyens. Nous n'y insisterons donc pas davantage.

Reste le *devoir militaire*, dont le principe a parfois été contesté, et dont l'accomplissement est beaucoup plus difficile.

Certes la guerre est un horrible fléau et, comme nous l'avons déjà dit, nous appelons de tous nos vœux l'ère où les nations, se traitant, les unes les autres, comme les individus, selon les principes et les règles de la justice et de la bienveillance, les différends seront beaucoup plus rares et pourront être pacifiquement résolus; où les peuples comprendront leur solidarité, s'entendront pour travailler en commun aux progrès matériels et moraux de l'Humanité, et ne lutteront plus que d'émulation pour le bien général. Des faits toujours plus nombreux donnent le consolant espoir que cette ère n'est plus aussi éloignée que certains le prétendent. Mais enfin, et cela résulte aussi des faits, nous ne sommes pas encore, tant s'en faut, à la veille de voir se lever la radieuse aurore de la paix universelle.

D'autre part, nous l'avons assez montré, il convient de renoncer à cette chimère de détruire les Nations diverses pour ne plus laisser subsister que l'Humanité. Bien plus, il importe à l'Humanité que chaque peuple, chaque Patrie subsiste, en sa personnalité collective, et l'affirme et la développe. Il faut donc que chaque peuple soit prêt à se défendre, s'il était attaqué par un autre, à revendiquer ses droits, s'ils étaient méconnus ou violés, et pour cela il faut qu'il se prépare, en donnant aux futurs citoyens l'*éducation militaire*.

Un soldat, en effet, ne s'improvise pas; il lui faut des aptitudes physiques et des qualités intellectuelles et morales que, seule, une éducation spéciale peut porter au point désirable. Certes, il est à souhaiter que le temps de l'apprentissage militaire soit réduit le plus possible, dans l'intérêt des individus et de la Société même, et l'on y peut justement parvenir par l'instruction et l'éducation antérieures.

Les parents, d'abord en ne gâtant pas les enfants, les maitres, en cultivant leur intelligence, en formant, avec l'aide des parents, leur caractère et leur cœur, en leur inspirant l'amour de la Patrie, avec l'esprit civique, auront beaucoup fait pour faciliter leur tâche aux instructeurs et aux éducateurs militaires.

D'autre part, l'*enseignement de la gymnastique* doit tenir une place importante dans les leçons de l'école et du collège ou du lycée. Nécessaire à la santé du corps, la gymnastique l'est aussi à la santé morale : elle donne de l'équilibre au tempérament, de la vigueur et de la souplesse aux membres, de l'aisance et de la hardiesse aux mouvements, de la justesse à l'œil et à l'esprit, de la décision et du courage à la volonté. C'est pourquoi on ne saurait trop louer et encourager les jeunes gens qui, une fois sortis de l'école, entrent dans les Sociétés de gymnastique, et les pères et les mères de famille devraient se faire une obligation de pousser leurs enfants dans cette voie, quand ceux-ci ne s'y portent point d'eux-mêmes. D'ailleurs ceux qui dirigent les Sociétés de gymnastique ont compris l'intérêt vital qu'il y a pour elles et pour le Pays à en faire des écoles préparatoires à l'instruction militaire, non pas en y donnant l'enseignement militaire proprement dit, mais en apprenant aux jeunes gens à se mouvoir en eurythmie, à marcher, à courir, sauter, grimper, à se servir d'un fusil pour viser et tirer correctement.

Mais à l'École et aussi dans les associations diverses où ils entrent, les futurs citoyens commencent à acquérir une autre qualité indispensable au soldat : nous voulons dire l'*esprit de discipline*.

Être discipliné, ce n'est point obéir aveuglément à des ordres pris à la lettre et que l'on ne comprend pas. Ce n'est pas surtout obéir par crainte des châtiments que l'on pourrait encourir. Cette obéissance-là ne peut convenir qu'à une machine, à une brute, à un esclave. L'*obéissance n'a une valeur morale et une utilité réelle, que si elle est réfléchie, consentie*, si celui qui obéit a confiance en celui qui commande, parce qu'il le sait à la fois honnête et compétent. Alors on cherche à comprendre l'ordre reçu, et sans le dépasser, on s'effforce de l'accomplir plus pleinement, dans tout son esprit. — Obéir ainsi, c'est *obéir librement et honorablement*, car en somme *c'est n'obéir qu'à soi-même*, à sa Conscience, à sa Raison, celui qui commande n'étant qu'un interprète et un organe plus éclairé, et plus responsable aussi, d'une fin commune. — L'esprit de discipline, compris de la sorte, est indispensable non seulement au soldat, mais encore à l'ouvrier, à tout collaborateur d'une œuvre quelconque, à l'écolier enfin et c'est justement à l'école que l'on commence à l'acquérir. Ce que nous avons dit sur l'enseignement et l'éducation de la jeunesse suffit amplement à le prouver.

Ici encore, les œuvres scolaires et les associations diverses où les jeunes gens sont admis, notamment les associations de mutualité et les sociétés de gymnastique, sont appelées à jouer un rôle très important. Car la discipline y est toute volontaire : le sociétaire obéit à des règlements qu'il a acceptés après en avoir pris connaissance, à des chefs que souvent il a contribué à choisir. Il dépend de lui d'être assidu, attentif, zélé. Et c'est ainsi qu'il continue, par son initiative propre, son éducation personnelle ; c'est ainsi qu'il se forme aussi, pratiquement, à la vie sociale et dans un cadre plus petit, aux diverses fonctions et obligations de la vie publique, de la vie civique. Il peut d'ailleurs, à côté de ces groupements spéciaux, en trouver d'autres plus ou moins analogues : associations d'anciens élèves, cercles d'études, où, sans compter les bibliothèques et les musées, il aura occasion et matière à satisfaire les goûts élevés que lui auront donnés les maîtres de son enfance. Il acquerra ainsi, au double point de vue physique et moral, la santé, la vigueur, la souplesse, l'aisance, la distinction, l'élégance : il aura, dans la mesure du possible, réalisé l'idéal antique : *mens sana in corpore sano*.

Mais tout cela ne sufit pas. Pour achever leur éducation civique, aussi bien que leur éducation militaire, *il est indispensable que les jeunes gens passent par les cadres de l'armée régulière* et soient assujettis à un dressage en commun.

Le service actif a rencontré et il a encore beaucoup d'adversaires. En général on considère comme perdu, pour l'individu et pour la société, le temps passé au régiment, et si les prolétaires se résignent assez facilement à subir la loi, les classes aisées y répugnent très fort : on se représente sous les couleurs les plus sombres la vie commune de la chambrée, les fatigues de l'exercice, les exigences du service, les rigueurs et les minuties de la discipline; aussi fait-on le possible et l'impossible pour échapper à la loi, et quand, malgré tout, on est contraint d'y obéir, on ne s'y résout qu'avec la plus regrettable mauvaise volonté. Comment, avec cet esprit, pourrait-on en effet tirer quelque parti du réel sacrifice que la loi impose à la Nation, aux individus? Mais c'est l'effet d'un préjugé, dont il importe de bien mettre en évidence la fausseté en même temps que la maladresse.

Nous pourrions, à cet égard, nous contenter de rappeler les principes indiqués plus haut : en attendant la paix universelle et le désarmement général, il faut prévoir les cas de conflits armés et y pourvoir. Or il est trop évident que la nation armée ne peut avoir des chances de victoire que si les citoyens ont été préparés, entraînés pour cette fonction et se sont maintenus en état de la remplir.

Donc il est indispensable que le bon citoyen accepte, non pas avec résignation, mais avec toute sa bonne volonté, l'obligation légale du service militaire et que, pendant toute la durée de son service actif, il s'applique à bien profiter des leçons de toute espèce que lui donneront ses chefs.

Mais il y a plus : nous considérons le *service militaire*, tel qu'il est aujourd'hui entendu et pratiqué, comme *l'indispensable complément de l'éducation civique*.

Et d'abord, où mieux qu'au Régiment les jeunes gens s'initieraient-ils à l'égalité? Là, plus de différences de caste, de richesse, d'éducation ; tous les rangs sont mêlés, confondus. « Aujourd'hui la loi nivellatrice a égalisé les fronts à la même toise... Tout, luxe et misère, va s'évanouir s'égaliser sous l'uniformité de la tenue. Maitre ou valet, patron ou manœuvre, rien n'est plus : ils sont soldats. Toutes les éducations sont confondues dans une existence commune, toutes les aspirations vont se plier à une même loi, et cet amalgame doit être homogène (1). »

C'est là, pour les jeunes gens des classes aisées, une occasion excellente et même unique de connaitre des compatriotes d'une autre éducation, d'apprendre à les estimer, à les aimer ; car souvent, sous la rudesse et la grossièreté de l'enveloppe, ils parviendront à découvrir le bon sens, voire même la finesse de l'esprit, la délicatesse naïve des sentiments, et presque toujours la droiture et la bonté ; ils démêleront en leurs

(1) *La France armée.*

camarades ces traits communs du caractère qui les avèrent enfants d'une même Patrie.

Et voyez les heureux effets de la rencontre, de la fusion de ces éléments divers : « On peut résumer ainsi les qualités que chacun apporte pour corroborer la sauvegarde de la patrie : le paysan, la patience; l'ouvrier, l'entrain; les classes libérales, l'intelligence plus aiguisée par l'instruction. Ces trois qualités, combinées entre elles, forment un faisceau qui ne peut se rompre. De plus, par le contact, chaque élément communique à l'autre ses qualités, tout en atténuant ses défauts, pourvu qu'une impulsion constante soit donnée par l'autorité pour mettre un frein à ceux-ci tout en développant celles-là (1). »

Entre ces jeunes gens donc, *plus d'autre distinction que celle du mérite*, dont la bonne volonté, possible à tous, est le principal facteur; car, le plus ordinairement, le succès est la récompense du travail, de l'effort persévérant. Alors il peut arriver que les grades intervertissent les rangs de la vie civile, et c'est encore un excellent moyen d'éducation sociale. Mais c'est à condition que l'on soit bien disposé d'avance à en profiter, et c'est surtout aux jeunes gens

(1) *La France armée*, p. 19.

d'éducation supérieure que le devoir incombe de donner l'exemple de l'acceptation de l'autorité conquise par le mérite, de la subordination et du respect envers les plus humbles gradés. « Plus ils leur seront supérieurs socialement par leur origine et moralement par leur instruction, plus il est de leur devoir de se plier à cette autorité dont ils comprennent le but et dont ils peuvent admirer l'humilité (1). »

Et puis quelle occasion encore, entre tous ces individus de provenance et de formation si diverses, pour un échange de services où s'affirmera leur solidarité, où les plus cultivés, mettant l'apport de leur instruction et de leur éducation, pourront élever, sans morgue et sans pédantisme, le niveau moral de leurs camarades. Si les jeunes soldats étaient pénétrés de ces idées, n'est-il pas vrai que bien des malentendus se dissiperaient et que s'atténuerait cette absurde lutte de classes, où les antagonistes gaspillent si malheureusement leurs forces?

Mais les *qualités civiques* proprement dites ont encore fort à gagner à l'accomplissement bien compris du devoir militaire. Le bon citoyen dans une démocratie n'est pas, en effet, l'indi-

(1) *La France armée.*

vidu ivre en quelque sorte du sentiment confus de sa liberté, et qui se révolte contre toute contrainte, contre toute autorité. C'est celui qui sait régler lui-même l'usage de sa liberté, conformément à la raison, celui qui respecte la liberté d'autrui et sait obéir aux lois, comme nous l'avons fait voir. Or où donc pourrait-on apprendre tout cela mieux que sous l'autorité de chefs éclairés et bienveillants, tels qu'on les trouve dans les cadres de l'armée ?

Le temps n'est plus, en effet, où les officiers formaient dans la Nation une caste à part et comme un État dans l'État ; où ils dressaient, uniquement en vue de la guerre, des individus dont ils exigeaient une obéissance passive et en quelque sorte mécanique, et dont ils ne se préoccupaient nullement en dehors du service ; où un abîme existait entre les chefs et la troupe. De plus en plus, aujourd'hui, *nos officiers comprennent qu'ils ont charge d'âmes* et que, la Nation leur confiant pour un temps ce qu'elle a de plus précieux, sa jeunesse, ils doivent lui rendre cette jeunesse meilleure à tous les points de vue. Si la préparation à la défense du pays demeure leur fonction principale, ils ont aussi, secondairement, mais non pas accessoirement, une fonction éducatrice. Il faut qu'au sortir de leurs mains, le jeune homme soit enfin devenu un citoyen sain de corps et d'âme, en possession de toutes ses forces et de toutes ses facultés par la réflexion, mûri par cet apprentissage spécial pendant lequel, enlevé pour un temps aux douceurs de la vie familiale, aux facilités de la vie civile libre, il aura achevé de se discipliner. Grâce à cet esprit nouveau, une communion toujours plus intime de sentiments et d'idées se fait entre ceux qui commandent et ceux qui obéissent, les premiers ayant la claire conscience de leur rôle social et de leur responsabilité, les autres comprenant qu'ils se doivent à eux-mêmes et à la Patrie de montrer la plus grande bonne volonté, et ainsi l'*armée tout entière* devient de plus en plus ce qu'elle doit être dans une démocratie, *une expression de la nation tout entière*.

Il n'y a plus à craindre dès lors que l'esprit militaire nous pousse aux aventures, et compromette la paix intérieure ou extérieure. Un individu n'est pas forcément querelleur et batailleur parce qu'il a appris l'escrime, la boxe, la canne ou le bâton, parce qu'il est rompu aux règles et aux pratiques de la lutte ; bien au contraire, le plus souvent la conscience de sa force et de son adresse lui donne patience et longanimité, en même temps que ceux qui le savent fort le respectent davantage. Il en est exactement de même pour une nation. Elle sera d'autant plus calme et maîtresse d'elle-même qu'elle se sentira plus forte, et on y regardera à deux fois avant de lui faire quelque injure ou quelque tort. Mais c'est justement la communauté de l'éducation militaire donnée et reçue dans les conditions indiquées plus haut qui rendra une nation consciente de ce qu'elle vaut et de ce qu'elle peut. De sorte que, bien loin de considérer l'armée comme un obstacle à la paix sociale, internationale, il y faut voir une condition *sine qua non* de cette paix, et un moyen pour que les nations progressent vers l'ère d'universelle harmonie, merveilleux idéal auquel elles ne cessent d'aspirer.

CHAPITRE IX

LE ROLE SOCIAL DE LA FEMME DANS LA DÉMOCRATIE

Le progrès des idées, des mœurs et des institutions démocratiques a donné un intérêt croissant à la question du *rôle social de la Femme* dans la famille, dans la vie publique et jusque dans la vie politique.

Qu'on le veuille ou non, ce rôle est des plus importants. La femme possède en effet, de par la nature, un redoutable pouvoir, dont elle peut abuser, mais dont elle peut se servir aussi très heureusement pour le bien commun. De telle sorte que l'on pourrait, l'histoire en main, soutenir cette thèse : *un peuple vaut ce que valent les femmes de ce peuple*, surtout comme épouses et mères, et celles-ci valent ce que les font la loi, l'éducation qu'on leur donne, la façon dont on les traite. Là où la femme est asservie, elle se venge en corrompant ses tyrans, en les énervant et les avilissant.

Ainsi que le proclamait déjà Socrate, la femme, au point de vue moral, est naturellement l'égale de l'homme ; elle le devient en effet si elle remplit bien les fonctions qui lui incombent dans la famille, surtout pour l'éducation des enfants. La mère, objet d'amour, de gratitude et de respect, peut et doit devenir de plus en plus, pour ses enfants, comme une sorte d'incarnation vivante de la conscience morale, du devoir, et celui-là peut être dit bien élevé, qui a le constant souci de ne rien faire dont il pourrait avoir à rougir devant sa mère. Quant à l'épouse, il faut qu'elle soit, pour son compagnon, l'amie fidèle, le soutien toujours prêt, la conseillère heureusement inspirée. Il faut qu'elle sache faire du foyer un séjour plaisant, dont elle soit elle-même le principal ornement, la joie en même temps que la fierté de son époux.

Il convient donc que la femme reçoive, dès l'enfance, une éducation appropriée à ce double rôle d'épouse et de mère qui doit lui incomber un jour ; peut-être même importe-t-il à la démocratie que cette éducation soit plus soignée encore que celle des futurs citoyens.

Ce que nous désirons d'ailleurs, chez la femme

démocratique, ce n'est pas une culture intellectuelle aussi étendue que celle de l'homme. Sans vouloir, en aucune façon, rabaisser à cet égard la capacité de l'esprit féminin, il nous semble qu'à part quelques exceptions, la femme est surtout un être de sensibilité, chez qui les délicatesses du sentiment peuvent compenser largement les lacunes du savoir. Ce qui nous importe donc, ce n'est pas que la femme sache beaucoup, c'est qu'elle ait le jugement droit et sain, la volonté ferme, la nette conscience de sa mission, le désir généreux de s'y bien préparer, afin de la bien remplir. Rien n'empêche, après cela, que, comme la gracieuse Henriette de Molière, sans « connaître le grec », elle ait « des clartés de tout ». Il le faut même, pour qu'elle puisse être la compagne intellectuelle de son mari, la première institutrice de ses enfants, et pour qu'elle puisse contribuer à leur instruction, en surveillant plus tard leurs travaux d'écoliers.

Mais tout cela suppose que la femme est *uniquement appliquée à la vie domestique*, et qu'à l'homme seul incombe la charge de l'entretien matériel de la famille. Il devrait bien en être ainsi, en effet. Malheureusement l'évolution des conditions de l'activité économique en a décidé de tout autre façon, et de plus en plus nombreuses deviennent les jeunes filles, les femmes, qui sont contraintes de demander leur subsistance à un labeur personnel, ou tout au moins de contribuer, par l'exercice d'un métier, aux frais du ménage. Ce fait est une des causes les plus graves de la déchéance actuelle de la famille, du foyer, ainsi que nous l'avons déjà signalé, et c'est, selon nous, un des plus regrettables contre-sens des mœurs du temps. Peu à peu, les femmes en sont venues à faire concurrence aux hommes, dans des professions toujours plus nombreuses, amenant ainsi, dans les salaires, un avilissement dont elles sont toujours, directement ou non, les plus pitoyables victimes.

Comment remédier au mal ? c'est une question bien délicate, et l'on ne voit pas que, jusqu'ici, malgré leurs excellentes intentions, les législateurs aient obtenu des résultats appréciables. Bien au contraire, pour ne citer qu'un exemple, la loi sur le travail des enfants et des femmes dans les ateliers, manufactures et usines, semble avoir eu des effets diamétralement opposés à ceux qu'on en attendait, puisqu'elle a amené ce monstrueux *sweating-system*, qui est une des plus abominables formes de l'esclavage moderne.

Ici encore, le remède devrait être surtout moral. Il faudrait que les adolescents fussent dressés à des habitudes de travail, de tempérance et d'économie, et qu'ils eussent la volonté bien décidée de se constituer, le plus tôt possible, un foyer où la femme pût demeurer, se consacrant surtout aux soins du ménage, pour lesquels d'ailleurs elle aurait été spécialement dressée. Les économies réalisées par chacun des époux compenseraient largement, selon nous, le salaire mesquin gagné par la femme au détriment de sa santé d'abord, puis du bien moral et matériel de la famille. Qui empêcherait d'ailleurs que, dans sa vie bien réglée, la femme pût trouver des loisirs et, sans sortir de chez elle, les occuper à quelque travail manuel, approprié à son sexe, dont le produit, au besoin, augmenterait les ressources communes? S'il en était ainsi, les hommes pourraient gagner de meilleurs salaires et tout le monde en fin de compte s'en trouverait beaucoup mieux.

Reste la vie publique, *la vie politique*. Nous assistons, depuis quelques années, aux revendications éclatantes des *féministes* qui réclament pour les femmes tous les droits civiques, comme tous les droits civils. Que convient-il d'en penser?

En ce qui concerne les *droits civils*, nous ne verrions, pour notre part, *aucun inconvénient à les accorder pleinement aux femmes*. Le temps n'est plus en effet, au moins chez les peuples de civilisation européenne, où la femme était considérée comme intellectuellement inférieure à l'homme, où, lui refusant presque une âme raisonnable, l'on déclarait qu'elle doit être maintenue en état de perpétuelle sujétion. Les faits, comme le progrès des idées, ont fait justice de cet absurde, de cet odieux préjugé. Et déjà les lois ont commencé à se réformer en ce sens : toutes les femmes majeures peuvent remplir les fonctions de témoins dans les actes civils ; les femmes commerçantes jouissent de l'électorat pour le choix des magistrats consulaires ; enfin la femme mariée est reconnue seule propriétaire du produit de son travail personnel. Il y a tout lieu d'espérer que l'évolution ainsi ébauchée se poursuivra, jusqu'à complète égalité civile de la femme et de l'homme.

Mais en ce qui concerne les *droits civiques*, nous avouons ne pas bien comprendre ce que les femmes gagneraient à se les voir attribuer. Il nous semble voir clairement au contraire tout ce qu'elles auraient à y perdre.

Si les femmes, en effet, deviennent électrices et éligibles, il leur faudra participer aux luttes politiques : le pourront-elles sans risques pour leur dignité personnelle et pour celle de leur famille ? Déjà ces luttes sont souvent dangereuses et toujours pénibles pour les hommes. Qu'en sera-t-il pour les femmes ? — On incriminera sans doute les mœurs, et l'on dira que l'intervention des femmes dans la vie politique amènera, la galanterie aidant, un heureux adoucissement de ces mœurs. En est-on bien assuré ? pour nous, nous restons sur ce point profondément sceptique, et surtout nous craignons que l'électrice, la candidate, rentrée après la lutte au sein de la famille, n'y constate un notable affaiblissement de son auréole d'épouse et de mère.

Au reste il nous semble que les femmes peuvent et doivent exercer, sans sortir de la famille, une bienfaisante influence politique. Rien, en effet, et bien au contraire, n'empêche la femme démocratique d'être *une citoyenne*, de s'intéresser aux affaires publiques et d'avoir et de donner son avis sur les réformes à apporter aux lois. Éducatrice de ses enfants, elle dressera ses fils à l'usage d'une liberté dont elle leur fera comprendre toute la responsabilité, elle préparera ses filles à devenir ce qu'elle est elle-même. Confidentes et conseillères de leurs frères, de leurs maris, à qui elles inspireront confiance, en même temps qu'affection et respect, les femmes de la démocratie exerceront sur leur esprit et leur volonté une heureuse action. En fait d'ailleurs, est-ce que, de tout temps, les femmes n'ont pas joué dans l'histoire un rôle prépondérant? est-ce que jamais rien de grand, soit dans le bien, soit dans le mal, a été fait sans elles? Le malheur fut seulement que la passion aveugle exerça trop souvent, en cette matière, une influence néfaste sur la conduite des hommes. Mais cela n'est plus à craindre avec la femme démocratique, formée d'après les principes que nous venons d'indiquer sommairement.

Ainsi donc, en résumé, il nous semble que la démocratie, en ce qui concerne l'éducation féminine, doit tendre vers cet idéal : — *Affranchir le plus possible les femmes de l'assujettissement au travail*, en dehors du foyer domestique.— *Les former, avant tout et surtout, pour la vie de famille*, en leur donnant la santé par la gymnastique, en leur inculquant les principes et les règles de l'hygiène et de l'économie domestique, en leur communiquant enfin toutes les lumières qui pourront leur rendre l'esprit plus ouvert, le jugement plus éclairé, la conscience plus droite, le patriotisme plus ardent, de façon qu'elles puissent, à leur tour, devenir, en même temps que les objets de la tendresse et du respect de leurs époux, les premières et les plus essentielles éducatrices de la Nation.

Ainsi élevées, dans le bon et beau sens de l'expression, les femmes n'auront aucun besoin de mener extérieurement la vie politique. Sans s'en désintéresser, elle demeureront dans une sphère supérieure, et il leur reviendra d'en adoucir les usages, en formant leurs fils à la tolérance en même temps qu'à la liberté de penser, à la solidarité.

Elles pourront d'ailleurs intervenir encore d'autre façon dans la vie publique. N'est-ce pas à elles surtout qu'il convient d'organiser, de diriger ces *œuvres d'assistance sociale*, où par leur grâce souriante, elles savent si bien adoucir l'amertume des secours reçus? N'est-ce pas à elles qu'il appartient, ayant fait de leurs fils des patriotes, des soldats, de prévoir aussi dès la paix les maux de la guerre et d'y pourvoir? Mais nous voyons que les femmes ont depuis longtemps déjà compris cette belle mission sociale, et les résultats auxquels leurs efforts aboutissent ne peuvent que les encourager à poursuivre leurs œuvres, et rendre plus confiantes nos espérances dans le succès de ce qu'elles entreprendront à l'avenir.

CHAPITRE X

CONCLUSIONS

LE BON CITOYEN DANS LA DÉMOCRATIE
LA NOBLESSE
ET L'ARISTOCRATIE DANS LA DÉMOCRATIE

Nous voici enfin parvenus au bout de la tâche que nous avions assumée.

Avons-nous réussi à réfuter les objections des adversaires de la démocratie? Au lecteur d'en juger. Mais, dans tous les cas, il nous semble avoir proposé à sa réflexion personnelle diverses considérations, de théorie et de faits, propres au moins à infirmer singulièrement la portée de ces objections. Résumons-les brièvement.

En premier lieu, nous nous sommes efforcé de prouver que le développement de la démocratie ne saurait faire courir aucun danger au patriotisme, pas plus que l'amour de la Patrie à l'amour de l'Humanité. Il suffit pour cela que l'on aime son pays comme on doit l'aimer, avec cette ardeur, cette générosité, cette délicatesse auxquelles la naissanee même prédispose et que l'éducation avive et affine; mais aussi avec cette Raison qui exclut tout orgueil aveugle, toute jalousie et toute haine injustes. Ainsi entendu, le patriotisme ne peut que contribuer au bien de chaque nation et de l'Humanité tout entière; il est même impossible d'aimer vraiment l'Humanité, si d'abord on ne l'aime sous la forme plus spéciale, plus concrète, plus vivante, qu'elle prend dans la Patrie.

Cela posé, nous avons établi que, tout en aspirant à la paix universelle, tout en travaillant à affaiblir les causes de différends, à écarter les occasions de conflits, et surtout de conflits armés entre peuples (et le patriotisme raisonné et raisonnable aide fort à cette tâche), il faut néanmoins prévoir les cas de guerre et y pourvoir, en acceptant avec une entière bonne volonté le devoir militaire. — Nous avons d'ailleurs montré que, dans une démocratie, l'armée, émanation, expression du pays tout entier, est, par la force même des choses, l'école où doit s'achever, à tous égards, l'éducation du futur citoyen.

Nous avons fait voir que cette éducation, orientée suivant la lettre et l'esprit de la maxime antique, *mens sana in corpore sano*, tend à former des hommes vraiment hommes, à l'esprit libre, à la volonté énergique et disciplinée, au cœur généreux, pénétrés du sentiment de la dignité personnelle, exacts à accomplir tous leurs devoirs, soucieux de leurs droits, mais respectueux des droits d'autrui et poussant l'amour, le culte de la justice jusqu'à la pratique de la plus large solidarité.

Ainsi formé, le jeune citoyen comprendra que *la vie est chose sérieuse* et que chaque individu est responsable, non seulement vis-à-vis de lui-même, mais encore vis-à-vis des autres, de ce dépôt sacré qu'il n'a reçu que pour le transmettre à ses descendants, comme un flambeau toujours plus ardent et plus lumineux à la fois. Il aura donc le désir de continuer avec application, tant qu'il vivra, l'œuvre de son éducation personnelle, de son perfectionnement, dont les autres profiteront comme lui et peut-être plus que lui.

Pratiquant, quels que puissent être les avantages matériels dont il jouit, *le devoir du travail*, il concourra au maintien, au développement de la richesse générale et dans tous les cas il donnera la belle leçon de l'exemple. — Se faisant tout à tous, il aura à cœur de faire bénéficier ses concitoyens, ses frères, des avantages de toutes sortes qu'il aura pu conquérir par ses propres efforts, ou que le sort lui aura donnés, mais qu'il fera siens par la façon libérale dont il saura en user. — Il s'appliquera surtout à faire rayonner les lumières auxquelles sa pensée libre se sera élevée.

Le jeune citoyen aura encore la vive conscience de ses droits et surtout de ses devoirs civiques. Instruit par l'étude de l'histoire sur tout ce qu'il y a d'essentiel dans le passé de son pays, éclairé par son éducation pratique sur les conditions et les tendances du présent, il comprendra l'évolution et la mission de sa Patrie, il jugera et le passé et le présent; il saura quelle orientation générale il faut donner à la politique; il pourra apprécier les travaux des législateurs, les actes du gouvernement; il dira hautement ce qu'il en pense, et, le moment venu, il saura par son bulletin de vote, déclarer ce qu'il veut.

Bientôt d'ailleurs il éprouvera le besoin de *fonder une Famille.* Il choisira avec le plus grand soin celle qui doit être sa compagne, et surtout la mère, la première éducatrice de ses enfants.

Dans la vie familiale, ainsi que l'avait déjà déclaré Aristote, les vertus personnelles et sociales se développeront ; ils deviendront, la femme et l'homme, *meilleurs citoyens* en même temps que meilleurs éducateurs des citoyens et citoyennes futurs.

L'épouse. la mère, devra, selon nous, se borner à exercer son rôle civique au sein de la famille et se garder de fréquenter le *forum*. où elle aurait beaucoup plus à perdre qu'à gagner. Mais pourquoi l'homme, le mari, le père, n'aurait-il pas la légitime et noble ambition de consacrer une part de ses loisirs aux affaires publiques, au moins dans un cercle restreint, au début. Et si ses concitoyens le jugent, en effet, capable et digne, pourquoi ne s'initierait-il pas peu à peu à des fonctions de plus en plus étendues et complexes? Le cas est-il donc si rare d'hommes qui se sont élevés, par leurs efforts personnels, des rangs les plus humbles jusqu'aux charges les plus hautes et qui ont étonné, par leurs aptitudes et leur dignité, les descendants des vieilles aristocraties et jusqu'aux rois? La libre Amérique, l'antique Helvétie, les républiques sud-africaines en ont peut-être donné, avec la France, les plus illustres exemples. Mais il n'est pas un pays qui ne puisse citer avec orgueil, parmi ses grands hommes politiques, des fils du peuple, enfants de leurs œuvres, s'imposant à l'admiration et au respect de toutes les classes de la Société.

Mais ce sont là des exceptions : notre citoyen n'a pas de présomption, et s'il est prêt à accepter, s'il recherche même les fonctions publiques auxquelles il se reconnaît apte, il refuse celles qu'il sait ne pouvoir bien exercer. Il se contente, le plus souvent, d'être un bon électeur, en même temps qu'un bon père de famille, et de remplir avec zèle tous ses devoirs professionnels : sa grande ambition, c'est de laisser à ses enfants l'héritage de son tempérament et de son caractère, en même temps que le souvenir et l'exemple de sa vie. Ainsi il inaugure une *noblesse* que ses fils et ses filles, par lui formés à son image, auront à cœur de conserver et d'accroître.

Car il faut le dire hautement, il y a quelque chose de très vrai, de très beau, dans le préjugé de la noblesse.

Le noble, suivant l'étymologie (*nobilis*), c'est, à l'origine, l'individu qui s'impose à la connaissance de ses semblables, dans un groupe plus ou moins étendu, par un ensemble de qualités remarquables, où l'énergie de la volonté tient sans doute le premier rang. Grâce à ces qualités il acquiert une prééminence qui lui vaut des avantages à la fois matériels et moraux. Il fonde ainsi une Famille où, grâce à ces privilèges, sa descendance peut s'affiner, physiquement, intellectuellement et moralement, et accroître ainsi son influence sur le milieu social dont elle fait partie. Mais il est trop certain que, dans l'histoire, les prouesses des nobles ont été parfois bien regrettables et très nuisibles au peuple; d'autre part trop souvent, et jusque de nos jours, les héritiers d'un nom illustre ou d'une grande fortune, se sont imaginé avoir le droit de dédaigner leurs concitoyens moins favorisés, et n'ont vu, dans les privilèges de leur naissance, que des occasions et des moyens de mener une existence oisive, à la fois mesquine et vulgaire, malgré le raffinement des apparences.

Il y a longtemps que justice a été faite de cette fausse noblesse : Juvenal la flétrissait déjà à Rome et Boileau l'a définitivement stigmatisée au XVIIe siècle. L'illustration du nom des ancêtres n'est rien, si l'héritier n'a à cœur de s'en montrer digne par des services nouveaux rendus au pays; bien au contraire, elle ne fait que souligner plus crûment l'indignité du fils déchu de ces grands aïeux. En d'autres termes il n'y a qu'une noblesse véritable, celle du caractère personnel ; mais il est vrai que l'anoblissement personnel est facilité par *l'hérédité* au double point de vue physique et moral, comme par les souvenirs familiaux, qui solidarisent chaque génération avec la série des précédentes, et lui font un devoir de préparer les générations à venir.

Or la noblesse, ainsi comprise, n'est plus le privilège d'une caste fermée ; elle est largement ouverte à tous et *l'anoblissement du plus grand nombre* doit, logiquement, naturellement, être un des plus beaux résultats du *progrès démocratique*.

Chaque citoyen et chaque citoyenne peut et doit avoir la généreuse ambition de s'anoblir, à ses propres yeux d'abord par ses progrès personnels, son perfectionnement, puis socialement, par la notoriété que ne peuvent manquer de lui valoir la droiture de son caractère et la dignité de sa vie. Ainsi les parents procréeront et élèveront des enfants pour qui le progrès dans la noblesse sera de plus en plus facilité. Ainsi chaque famille pourra constituer l'arbre généalogique de ses ancêtres, le livre d'or de leurs bons exemples, et le respect du nom égalisera tous les citoyens dans le sentiment de la dignité personnelle, étroitement liée à celle de la famille entière.

Rien n'est plus ridicule que le dédain affecté par quelques-uns à l'égard des *parvenus*. Où en seraient ces vaniteux, s'ils ne comptaient des parvenus à l'origine de leur race? si, dans la suite des générations, quelques-uns de leurs ancêtres n'étaient parvenus plus haut que leurs pères? La vraie, la seule noblesse ne se crée et ne se conserve que par l'effort répété pour parvenir toujours plus haut, dans la valeur morale, dans le droit à l'admiration, au respect et à la reconnaissance de ses semblables.

C'est pourquoi, si humble qu'ait été leur fortune, on devra être fier de ses ancêtres, honnêtes gens et bons citoyens, qui ont pris pour règle constante de leur vie la belle maxime du chevalier par excellence: « Fais ce que dois, advienne que pourra. » Qu'ils aient été de simples ouvriers, de modestes agriculteurs, industriels ou commerçants, ou qu'ils se soient illustrés par des services plus signalés rendus aux lettres, aux sciences et aux arts, ou bien encore par le génie et les exploits militaires, ils ont tous une égale valeur morale, car ils ont été également des exemplaires d'humanité supérieure.

Rien donc n'est plus faux que cette opinion

d'après laquelle la démocratie devrait aboutir au règne des médiocrités. Cela ne pourrait se soutenir que d'une démocratie qui demeurerait à jamais ignorante de ses devoirs et de ses droits, et serait dès lors forcément condamnée à dégénérer en démagogie. Or les faits permettent de constater que, de plus en plus, la démocratie s'éclaire et s'élève en s'éclairant, et qu'elle tend à devenir vraiment une *aristocratie*, au sens exact du terme, c'est-à-dire un régime *où les meilleurs gouvernent*, parce que de mieux en mieux la masse améliorée sait les discerner et les choisir, afin de se gouverner par eux.

BIBLIOTHÈQUE NATIONALE R.F. IMPRIMÉS

TABLE DES MATIÈRES

BIBLIOTHEQUE NATIONALE R.F. IMPRIMÉS

Paris. — Typ. Ph. Renouard, 19, rue des Saints-Pères — 1584.

BIBLIOTHEQUE NATIONALE
Désinfection 1984
N° 3883

www.ingramcontent.com/pod-product-compliance
Ingram Content Group UK Ltd.
Pitfield, Milton Keynes, MK11 3LW, UK
UKHW020329230726
13925UKWH00002B/706